国家社科基金项目资助（20BTY064）
北京高等教育本科教学改革创新项目资助（202310029001）

体育课堂教学基本规范

岳新坡　主编

人民体育出版社

图书在版编目（CIP）数据

体育课堂教学基本规范 / 岳新坡主编. -- 北京：人民体育出版社, 2024. -- ISBN 978-7-5009-6491-9

Ⅰ．G807.01

中国国家版本馆CIP数据核字第2024SG8749号

*

人民体育出版社出版发行
三河兴达印务有限公司印刷
新 华 书 店 经 销

*

787×960　16开本　14.25印张　240千字
2024年8月第1版　　2024年8月第1次印刷
印数：1—1,500册

*

ISBN 978-7-5009-6491-9
定价：61.00元

社址：北京市东城区体育馆路8号（天坛公园东门）
电话：67151482（发行部）　　邮编：100061
传真：67151483　　　　　　　邮购：67118491
网址：www.psphpress.com

（购买本社图书，如遇有缺损页可与邮购部联系）

参编人员名单

主　编： 岳新坡

副主编： 李　柳　孙丽芹　李大帅　刘宗豪

编　委： 岳新坡　李　柳　刘宗豪　孙丽芹
　　　　　李大帅　林　争　刘晓焕　于益民
　　　　　刘奎良　张　凯

前 言

为规范引导大、中、小学体育教师和高校体育专业运动技能课教师科学化、规范化、高质量地上好体育课，帮助大、中、小学学生在体育锻炼中"享受乐趣、增强体质、健全人格、锤炼意志"，促进大、中、小学学生身心健康全面发展，以及体育教育专业学生运动技能的掌握，遵循体育教学规律，突出体育技能课教学特点，撰写《体育课堂教学基本规范》。《〈体育与健康〉教学改革指导纲要（试行）》（教体艺厅函〔2021〕28号）指出，进一步深化体育教学改革，指导全国中小学体育教师科学、规范、高质量地上好体育课。上好体育课不仅和当今中小学体育教师和高等院校的体育专业运动技能课教师关系密切，也关系到体育教育专业学生的培养质量。在师范类专业认证背景下，学生的培养中要落实"一践行三学会"的毕业要求，即践行师德、学会教学、学会育人和学会发展。其中"学会教学"是师范生的核心能力之一，师范生在体育课堂教学中的口令、集合整队、队列队形的调动等体育课堂教学基本规范是学会教学的具体表现，也是影响课堂气氛和教学效果的主要因素。

所谓"规范"，《现代汉语词典》的解释是"约定俗成或明文规定的标准"。那么，可以认为体育课堂教学基本规范是"体育课堂教学应符合的约定俗成或明文规定的标准"。体育课堂教学一般是从集合整队开始，继而做准备活动，然后是以运动技能的学习为主的各种各样的身体练习，最后是放松或整理活动。整个教学过程中的每一步骤，从集合整队、人体站立、走和跑的姿势，以及走或跑的速度、步幅和两臂的摆动配合，再到每一项活动中，学生如何分组，体育教师如何示范与讲解等，这些在体操（主要是基本体操）教学中，都有具体的规定（要领），或有明确的要求与标准。这些可以认为是体育课堂教学基本规范的具体表达，但在基本体操教学中对体育课堂基本规范的表达不够系统和详实，因此，编写《体育课堂教学基本规范》供大、中、小学体育教师、高校体育专业运动技能课教师和体育教育专业学生参考。

  本书主要针对体育课堂的教学基本规范进行讲解，本书的体育课堂主要指的是大、中、小学体育技能课和体育院校的运动技能课的课堂教学。本书将理论和实践结合，在理论部分主要介绍体育课堂教学基本规范的政策依据和体育术语等内容，为实践教学打下基础；实践部分是在基本体操理论知识的基础上，通过加强教学实践环节，强化学生在体育课堂教学中的基本功，如指挥口令的运用和动作示范的规范性，队列队形调动的合理性，讲解术语的准确性，以及课堂常规的"标准化"等。以期提高实际运用知识技能的综合能力，使体育课堂教学规范化。

编者
2023年12月

目 录

第一章　体育课堂教学基本规范概述 （1）

第一节　认识体育课堂教学基本规范 （1）

一、体育课堂教学基本规范的相关概念 （1）

二、体育课堂教学基本规范的分类 （7）

第二节　体育课堂的基本结构 （10）

一、开始部分 （10）

二、准备部分 （12）

三、基本部分 （13）

四、结束部分 （13）

第三节　体育课堂教学的注意事项 （14）

一、教学目标明确恰当 （15）

二、教学内容安排适宜 （15）

三、教学方法科学合理 （16）

四、教学过程严谨有序 （20）

五、教学评价公正客观 （21）

本章小结 （22）

第二章 体育课堂术语运用规范……（23）

第一节 体育术语与体操术语概述……（23）

一、人体运动轴和器械轴……（24）

二、方向术语……（26）

三、动作关系术语……（28）

四、握持器械方法的术语……（28）

五、器械体操术语……（29）

六、垫上练习术语……（35）

七、跳跃术语……（37）

第二节 体育术语与体操术语使用的基本规范……（38）

一、体育动作记写规范……（38）

二、体育课堂教学中术语运用的规范……（43）

第三节 体育项目常见术语与体育文化术语介绍……（45）

一、体育项目常见术语介绍……（45）

二、体育文化术语……（70）

本章小结……（77）

第三章 体育课堂中队列队形的基本规范……（78）

第一节 体育课堂中队列队形的概述……（78）

一、队列队形的内容……（78）

二、队列队形的分类……（79）

第二节　体育课堂中队列队形变换的基本规范 ……………（81）

　　一、体育课堂队列队形教学方法 ………………………（81）

　　二、体育课堂中队列队形练习的教学要求 ……………（92）

　　三、体育课堂队列队形的教法提示与指挥 ……………（94）

第三节　队列队形练习的口令和基本术语 …………………（96）

　　一、队列练习的口令和基本术语 ………………………（96）

　　二、队形练习的口令和基本术语 ………………………（114）

　　三、创新队列队形的思路与方法 ………………………（127）

本章小结 …………………………………………………………（128）

第四章　体育课堂中哨子使用的基本规范 ………………（130）

第一节　哨子的概述 …………………………………………（130）

　　一、哨子的来源 …………………………………………（130）

　　二、哨子的进化史 ………………………………………（131）

　　三、哨子的发声原理 ……………………………………（132）

　　四、哨子的类型 …………………………………………（133）

　　五、哨子的作用 …………………………………………（135）

第二节　体育课堂中哨子的使用规范 ………………………（137）

　　一、哨子的使用要求 ……………………………………（137）

　　二、哨子的使用原则 ……………………………………（137）

　　三、哨子在体育课堂教学中的使用 ……………………（138）

　　四、哨子在比赛中的使用 ………………………………（142）

　　　　五、使用哨子时的注意事项 ……………………………………（143）

　第三节　哨子使用示例 ……………………………………………（145）

　　　　一、足球裁判员哨子运用示例 ……………………………（146）

　　　　二、篮球裁判员哨子运用示例 ……………………………（148）

　　　　三、排球裁判员哨子运用示例 ……………………………（150）

　本章小结 ……………………………………………………………（151）

第五章　保护与帮助 ……………………………………………（153）

　第一节　保护与帮助的概述 ………………………………………（153）

　　　　一、保护 ……………………………………………………（153）

　　　　二、帮助 ……………………………………………………（158）

　　　　三、保护与帮助的意义 ……………………………………（161）

　第二节　保护与帮助的基本规范 …………………………………（162）

　　　　一、常用的保护与帮助方法 ………………………………（163）

　　　　二、保护与帮助的注意事项 ………………………………（164）

　　　　三、对保护和帮助者的要求 ………………………………（167）

　第三节　保护与帮助的具体示例 …………………………………（168）

　　　　一、体操类项目保护与帮助的站位选择 …………………（168）

　　　　二、田径类项目教学中的保护与帮助 ……………………（170）

　　　　三、球类项目教学中的保护与帮助 ………………………（171）

　本章小结 ……………………………………………………………（175）

第六章　体育课堂中伤害事故预防的基本规范 ……………（176）

第一节　体育课堂中教学伤害事故的概述 ………………（176）

一、体育课堂中伤害事故的概念 ……………………（176）

二、体育课堂中伤害事故的分类 ……………………（178）

三、预防体育课堂中伤害事故的意义 ………………（180）

第二节　体育课堂中伤害事故案例分析及成因 …………（181）

一、基于"人"的因素 ………………………………（181）

二、基于"物"的因素 ………………………………（183）

三、基于"环境"的因素 ……………………………（184）

四、基于"管理"的因素 ……………………………（185）

第三节　不同类别体育课堂教学伤害事故的预防 ………（186）

一、基于"人"的因素的伤害事故预防 ……………（186）

二、基于"物"的因素的伤害事故预防 ……………（188）

三、基于"环境"的因素的伤害事故预防 …………（189）

四、基于"管理"的因素的伤害事故预防 …………（190）

本章小结 ……………………………………………………（192）

第七章　体育运动技术口诀运用的基本规范 ……………（194）

第一节　体育运动技术口诀概述 …………………………（194）

一、体育运动技术口诀的概念 ………………………（194）

二、体育运动技术口诀的特征 ………………………（195）

三、体育课堂教学中运用技术口诀的作用 ………………（197）

第二节 体育运动技术口诀使用的基本规范 ……………（200）

一、体育运动技术口诀创编的原则 ………………………（200）
二、体育运动技术口诀的创编分类 ………………………（203）
三、体育运动技术口诀的具体运用 ………………………（206）
四、体育运动技术口诀运用时的注意事项 ………………（209）

第三节 体育运动技术口诀应用实例 ………………………（212）

一、田径——短跑技术 ……………………………………（212）
二、排球——传球、垫球、扣球、发球技术 ……………（213）
三、体操——支撑后摆挺身下技术 ………………………（214）

本章小结 ……………………………………………………（214）

后　记 ……………………………………………………（215）

第一章
体育课堂教学基本规范概述

体育课堂教学是学校体育工作的基本组织形式，也是体育教学的中心环节。体育课堂教学基本规范是广大体育教师经过长期体育教学实践做出的经验总结。体育课堂基本规范是为保证体育教学的顺利进行，对师生提出的基本要求[1]。通过学习本章内容，了解体育课堂教学中的诸多元素，包括体育课堂教学的概念、分类、基本结构和注意事项等。了解这些基本理论，对规范体育课堂教学具有重要意义。科学合理的教学规范，不仅有助于建立良好的教学秩序，高效地组织教学，而且对全面贯彻党的方针、落实"立德树人"的根本任务和"健康第一"的指导思想，以及培养学生体育核心素养有十分重要的作用。

第一节 认识体育课堂教学基本规范

一、体育课堂教学基本规范的相关概念

概念是反映事物或对象本质属性的思维形式，包括内涵和外延，即其含义和适用范围。要认识体育课堂教学基本规范，首先要了解其相关的概念。

（一）课堂教学

课堂教学是指在课堂中以课程内容为中介的师生双方分别教和学的共同活

---

[1] 吴秀庭.谈谈体育课堂常规［J］.中国学校体育，1982（2）：14-15.

动[1]。课堂教学中存在两种不同的教学内容取向，即强调传授间接经验的课堂教学与重视获得直接经验的课堂教学。课堂教学也称为"班级上课制"，是教学的基本组织形式。课堂教学与个别教学相对，是把年龄和知识程度相同或相近的学生，编成固定人数的班级集体，按照各学科教学大纲规定的内容，组织教材和选择适当的教学方法，并按照固定的时间表，向全班学生授课的教学组织形式。课堂教学的基本要素包括教师、学生、教学内容、教学手段、教学环境和教学评价等，它们相互作用、相互影响，共同构成完整的教学活动[2]。课堂教学具有以下特点：

1. 计划性

在课堂教学之前，教师需要制订详细的教学计划，包括教学内容、教学方法、教学进度等，这是保证教学有序进行的关键。一个好的教学计划可以帮助教师明确教学目标，把握教学进度，并且根据教学内容选择合适的教学方法。这样，教师可以在教学时做到心中有数，避免出现混乱或遗漏。

首先，教师在制定教学计划时需要明确教学目标。教学目标是整个教学过程中的指导，它规定了教师需要教授哪些知识、技能和情感态度等。教师需要深入理解教材和课程大纲，确定每节课的具体目标，并将其贯穿于整个教学过程中。

其次，教师需要把握教学进度。在确定教学目标之后，教师需要根据学生的实际情况和教材的难易程度合理安排教学进度。这包括分配教学时间、安排教学内容的顺序等。教师需要考虑到学生的接受能力和学习节奏，确保教学进度适中，以保证教学质量。

最后，教师需要根据教学内容选择合适的教学方法。教学方法的选择对于提高教学质量至关重要。不同的教学内容需要采用不同的教学方法，例如讲授法、讨论法、实验法等。教师需要根据教学目标和学生的实际情况选择合适的教学方法，以达到最佳的教学效果。

综上所述，教师在课堂教学之前制定详细的教学计划是必要的。通过明确教学目标、把握教学进度和选择合适的教学方法，教师可以确保教学的有序进

---

[1]顾明远.中国教育大百科全书：第一卷[M].上海：上海教育出版社，2011：1253.

[2]周敏，黄福华.物流管理专业课程课堂教学效果诊断改进框架的构建[J].物流工程与管理，2012，34（1）：180-183；163.

行，提高教学质量。

2. 系统性

课堂教学作为一种重要的教育形式，具有其独特的价值和优势。其中，系统性是其显著的特点之一。

系统性是指事物之间的相互关联和有机组合。课堂教学内容的系统性是指教学内容是根据教学大纲和教材来安排的，各部分内容之间有着严密的逻辑关系，构成了一个完整的知识体系。这种系统性不仅有助于学生形成完整的知识结构，而且还有助于培养学生的逻辑思维和系统思维能力[1]。

课堂教学内容的系统性体现在许多方面。首先，课堂教学内容的安排通常是按照学科的知识体系进行的，从基础概念入手，逐步深入复杂的知识点，形成一个层次分明的知识体系。其次，课堂教学内容不仅关注知识的传授，还注重技能的培养和素质的提升，通过各种教学活动和实践环节，使学生能够全面地发展自己的能力和素质。在课堂教学中，我们应该充分认识到系统性的重要性，合理安排教学内容，使其更加符合学生的认知规律和发展需要。

3. 组织性

在课堂教学中，教师需要有效地组织和管理学生，确保教学秩序和纪律，同时还需要组织有效的教学活动，引导学生积极参与。

在课堂教学中，优秀的教师不仅是传授知识的导师，更是一名出色的组织者。组织性在课堂教学中至关重要，它涉及如何有效地管理学生、维护教学秩序、保持纪律，以及如何策划和实施富有成效的教学活动。

首先，教师需要关注学生的管理。学生是课堂教学中的主体，教师的行为和态度直接影响教学效果。为了确保教学活动的顺利进行，教师需要密切关注学生的动态，及时发现和解决课堂中的问题。例如，当有学生出现注意力不集中、扰乱课堂秩序等行为时，教师需要及时介入，通过提醒、警告等方式引导学生回归课堂。同时，教师还需要培养学生的自律意识，鼓励他们自觉遵守课堂纪律。

其次，教师需要精心策划教学活动。课堂教学活动是学生学习知识、发展能力的重要途径。为了提高教学效果，教师需要根据教学内容和学生特点，设

---

[1] 单卫静. 小学数学几何直观能力培养研究［J］. 新智慧，2019（33）：136；138.

计出富有创意和针对性的教学活动。这些活动包括小组讨论、角色扮演、案例分析等[1],旨在激发学生的兴趣和积极性,促进他们的思维发展。同时,教师还需要根据课堂实际情况,灵活调整教学活动,确保其有效实施。

最后,组织性还体现在教师自身的纪律和规矩。作为学生的榜样和引导者,教师的言行举止对学生产生着深远的影响。因此,教师在课堂教学中需要保持良好的仪表和教态,严格遵守教学纪律和规定,为学生树立正面的榜样。

总之,教师的组织性在课堂教学中至关重要。为了提高教学效果,教师需要充分认识到组织性的重要性,不断提升自身的组织能力和管理水平,为学生创造一个良好的学习环境。

4. 个体性

在同一个班级中,教师需要对所有学生采用相同的教学内容、方法、进度等,以确保教学的统一性和公平性。

然而,仅仅统一教学进度并不足以实现教育的公平性,教师还需要高度关注每一个学生的学习情况,及时发现他们在学习中遇到的问题,并给予适当的指导和激励。每个学生都是独特的个体,他们有着不同的学习需求和学习风格。因此,教师在教学中应因材施教,针对每个学生的特点进行个性化的指导。

针对不同身体条件、运动基础和兴趣爱好的学生提出不同的学习目标,选择适宜的教学内容,采用多样的教学方法与学习评价方式,在统一的基础上因材施教,为学生创造公平的学习机会,促进每一位学生产生良好的学练体验,增强学习的自信心,在原有的基础上获得更好发展[2]。

首先,个体性要求教师关注每个学生的特点。不同的学生有不同的身体条件,教师需要根据学生的实际情况,制定适合他们的学习目标。例如,对于身体素质较差的学生,学习目标可以偏重于提高身体素质和基础技能;对于身体素质较好的学生,学习目标则可以更注重提高技能水平和参与高级别的比赛。

其次,个体性要求教师选择适宜的教学内容。教学内容应该符合学生的兴趣爱

---

[1] 黄菲.基于SPOC模式的高职英语课程思政教学研究[J].校园英语,2023(44):28-30.

[2] 刘春荣,卢涛利.践行现行课程标准打造高效体育课堂[J].中国学校体育,2023,42(5):46-47.

好，激发他们的学习热情。最后，个体性还要求教师采用多样的教学方法与学习评价方式。不同的学生有不同的学习方式和节奏，教师需要采用多种教学方法，如讲解、示范、小组讨论和实践练习等，以满足不同学生的学习需求。同时，学习评价方式也需要多样化，全面评价学生的学习成果。除了传统的考试和测验，教师还可以采用表现评价、过程评价和学生自我评价等方式，更准确地反映学生的学习状况。

在实践中，为了更好地实施个体性教育理念，教师需要不断更新自己的教育观念和教学方法。需要关注学生的学习需求和反馈，及时调整教学计划和策略，以满足不同学生的个性化需求。同时，学校和社会也应该为教师提供更多的培训和学习机会，帮助他们提高教育教学水平，更好地践行个体性教育理念。

此外，个体性教育理念的贯彻落实还需要家庭和社会的支持。家长应该与教师保持密切的沟通和合作，关注孩子的兴趣爱好和学习需求，共同为孩子的成长和发展创造良好条件。社会应该提供多元化的教育资源和机会，为不同学生的发展提供广阔的平台。

5. 主导性

在课堂教学中，教师是主导者、学生是中心。教师采取一系列的措施和方法，注重学生的实践和体验、关注学生的个体差异和需求、及时反馈和评价学生的表现，规范引导学生学习，帮助他们掌握知识和技能，同时还需要激发学生的学习兴趣。

首先，教师应该注重学生的实践和体验。理论知识的学习固然重要，但实践才是检验真理的唯一标准。引导学生参与实践活动，可以帮助学生更好地理解和应用所学知识，提高他们的实际操作能力。例如，在物理课上，教师可以组织学生进行实验操作，让他们亲自动手验证物理定律，这样不仅能够加深学生对知识的印象，还能够激发他们的学习兴趣和探索精神。

其次，教师还应该关注学生的个体差异和需求。每个学生都是独一无二的，他们有着不同的学习方式和接受能力。为了确保每个学生都能在课堂教学中受益，教师需要根据学生的实际情况采取个性化的教学策略。例如，对于学习能力较强的学生，教师可以给予他们更多挑战和拓展的机会；而对于学习能力较弱的学生，教师则需要给予更多的支持和辅导[1]，帮助他们克服学习困难。

再次，教师评价学生的表现并及时反馈至关重要。通过观察学生的表现和作业完成情况，教师可以了解学生的学习状况并及时给予反馈和指导。同时，教师还应该定期进行阶段性评价，让学生了解自己的学习进度和不足之处，鼓励他们积极改进和提高。

最后，激发学生的学习兴趣也是教师的重要任务之一。兴趣是最好的老师，只有当学生对学习充满兴趣时，他们才会更加主动地投入学习中去。为了激发学生的兴趣，教师可以采用生动有趣的课堂讲解方式、引入生活中的实际案例、组织小组讨论等形式来吸引学生的注意力。例如，在英语课上，教师可以利用英文歌曲、电影片段等多媒体资源来辅助教学，让学生在轻松愉快的氛围中学习英语知识。

总之，课堂教学是人才培养的主渠道和主阵地，是学校落实立德树人根本任务的关键环节[2]。加强课堂教学规范建设，以促进学生成长成才为目标，是一种高效、系统、有组织的教育教学方式，有利于提高教学水平和质量，助力实现教育内涵式发展。

（二）规范

规范是指约定俗成或明文规定的标准，是社会生活中的基本准则，是为了维护社会秩序和保障公共利益而普遍遵守的行为规范。它涉及道德、技术、管理等多个方面，包括按照既定标准、规范的要求进行操作，使某一行为或活动达到或超越规定的标准[3]。规范在社会生活中扮演着非常重要的角色。它们不仅是人们行为的准则，也是指导人们如何与他人相处、如何行事的基本原则。规范的存在使社会更加有序，让人们能够相互协作、共同发展。同时，随着社会的不断发展和进步，规范也在不断地更新和完善，以适应时代的需求和变化。

---

[1] 柏丽萍. 小学语文智慧阅读教学模式构建与应用创新[J]. 教书育人，2023（25）：13-15.

[2] 公绪金，杨晓庄，孙颖. 古典文学通识课跨学科架构及思政融合探索——以"八十回古本红楼梦会真"为例[J]. 黑龙江教育（高教研究与评估），2022（10）：32-37.

[3] 余小英，郑简平. 论大学生党员发展规范的信仰教育作用[J]. 湘潮（下半月），2013（1）：14-15.

（三）体育课堂教学基本规范

体育课堂教学基本规范，又称为体育课堂常规，指在体育课堂教学中，为了保障教学的秩序和效果，对师生的行为和活动所制定的明确、具体、可操作的标准和规定，是保证体育教学的顺利进行而对师生提出的基本要求。它涉及体育课堂教学中如口令、集合整队、队列队形的调动等多项内容，是科学、规范、高质量上好体育课的基础。这些规范涉及体育教学的各个方面，如教学内容、教学方法、教学组织等，也包括师生在课堂中的角色定位、职责要求、互动方式等。

在体育课堂教学中，基本规范具有重要的意义。首先，它可以保障体育教学的顺利进行。如果没有明确的规范要求，课堂秩序可能会混乱，教学效果也可能受到影响。其次，可以加强学生的体育品德，培养学生良好的运动习惯、合作精神和公平竞争观念。最后，可以提高教师的教学效果。通过规范的教学要求，教师可以更加清晰地了解学生的需求和问题，从而更好地指导学生的学习。

总之，体育课堂教学基本规范是保障体育教学顺利进行、提高教学效果、培养学生规则意识的重要手段。在体育教学中，我们应加强基本规范的制定和执行，以促进体育教育高质量的发展。

二、体育课堂教学基本规范的分类

体育课堂教学基本规范可以分为课前教学基本规范、课中教学基本规范和课后教学基本规范。

（一）课前教学基本规范

课前教学基本规范是教师根据教学大纲制定的相关教学文件，教学进度和教案以及为上好每节课而进行的备课、检查场地器材等准备工作。

①每个学期开始时，教师必须依据教学大纲和本学期的实际情况，制订出

教学进度计划，交教务部门备案[1]。教师应于课前根据教学进度撰写教案（包括雨天课），并交由教研室审核。

②上课前必须检查和安排好场地、器材，以免影响课的进行。值日学生应该根据教师的安排提前领取器材、布置好上课场地。

③教师应检查和整理好自己的服装，精神饱满地提前5~10分钟到达规定的集合地点等候上课。学生应该提前3~5分钟到达上课场地等待上课，上课时应穿适合运动的服装，不得穿大衣、裙子、皮鞋、高跟鞋、凉鞋，不戴头巾、手套（特殊情况除外），不佩戴有碍锻炼的物品[2]。教师发现学生的服装有碍于运动和安全时，应提醒学生及时更换。

总之，课前教学基本规范不仅有助于确保教学目标明确、教学内容全面传达，帮助学生养成良好的学习习惯，提升自学能力，还有助于教师进行教学设计、评估学生学习情况、提高课堂管理能力和专业素养。因此，认真对待课前教学基本规范对于提高教学质量和学生学习效果具有重要意义。

（二）课中教学基本规范

课中教学基本规范是指从集合整队开始到下课学生归还器材的一段时间内师生应该遵循的基本准则。

①准时集合上课。上课铃响后，由体育委员及时在指定地点集合整队，检查出席人数；教师应检查出勤情况，做好记录，检查学生服装。

②注重上课礼节。体育委员整好队后，下达"立正"口令，然后向教师报告出席人数。报告词一般是："报告老师！×年级×班，应到××名，实到×名，缺席×名，报告完毕，请老师上课！"随后，教师面向学生立正问好："同学们好！"学生立正齐声回答："老师好！"师生们问好后，教师下达"稍息"口令，接着向学生宣布课的任务，提出课的要求，安排见习生。迟到的学生应向教师报告并说明原因，经教师允许后方能入列。

③关注病弱学生。学生有伤病或女生来月经时都应参加集合，然后见习，由教师安排适当的活动或工作，不得在见习时聊天、看手机或做其他事，未经

---

[1] 王东.教学常规，体育课质量的保证[J].中国学校体育，1998（3）：20.
[2] 吴秀庭.谈谈体育课堂常规[J].学校体育，1982（2）：14-15.

教师准许，不得擅自离开[1]。

④按时下课。下课前教师要集合全班学生，对本次课进行小结。安排值日生清点器材并送还器材室。下课时教师向全体同学说："同学们再见！"学生齐声回答："老师再见！"

⑤爱护公物。教师要提醒学生爱护公共财物和场地器材，对破坏公共财物的学生要及时进行批评教育。

⑥注意安全。课中应提出安全要求，做好准备活动、整理活动。进行单、双杠支撑跳跃或技巧教学时，必须有专人保护帮助；进行投掷教学时，必须在教师组织指挥下进行；上游泳课时，必须加强安全教育，编好小组，宣布安全规则。

⑦教师要发挥主导作用，以身作则，言传身教，大胆管理，严格要求。学生要自觉遵守课堂纪律，认真学习、刻苦锻炼，不得在课中嬉笑打闹。在体育课中，教师与学生均不得无故离开课堂，因故不得不离开者必须按规定手续请假。

⑧经常注意教学环境的卫生，场地、器材要打扫干净。

总之，课中教学基本规范的意义在于确保教学质量，提升教学效果，促进教师专业成长，营造良好教学环境，提升学校形象，促进教育公平，培养良好师生关系，保障学生权益，提升教育社会效益，以及推动教育改革发展。

（三）课后教学基本规范

①下课后，学生应按照教师要求收好器材，打扫教学环境的卫生，场地要打扫干净、器材要摆放整齐，保证下一节体育课的正常进行。

②教师在课后应主动征求学生对本节课教学的意见，及时写好教学小结。

③要全面完成体育课教学任务，除上好体育课外，还必须有目的、有计划地布置课外作业。

课外作业是完成教学目标的一种辅助形式，有助于学生养成锻炼身体的良好习惯，巩固课堂所学的知识，提高技术和技能。课外作业的主要内容是复习课上学过的内容或进行体能练习。教师还可针对学生存在的问题，有针对性地

---

[1] 吴秀庭.谈谈体育课堂常规［J］.学校体育，1982（2）：14-15.

布置作业，或安排一些简单的提高身体素质的练习。

教师布置课外作业的注意事项包括：第一，要使学生能够在课外进行独立练习，教师必须教给学生正确的练习方法，以及互相保护和自我保护的方法，以免发生伤害事故；第二，教师布置的课外作业，要求不宜过高，应从学生的实际情况出发；第三，教师必须加强对学生课外作业的指导，及时发现问题，解决问题；第四，为了使课外作业能够达到预期的效果，教师不仅要有计划地布置课外作业，而且必须有计划地进行督促检查，以免其流于形式；第五，课外作业应与班级体育锻炼结合进行。此外，还应在寒、暑假酌情布置必要的身体练习任务，促使学生养成经常锻炼身体的良好习惯。

总之，课后教学基本规范旨在确保教学质量、维护教学秩序、提升教师专业素养、培养学生学习习惯以及促进教育公平。通过规范教师的教学行为，可以提高教学质量，确保学生获得优质的教育资源。同时，规范化的教学流程和标准化的教学方法也有助于维护教学秩序，使教学更加有序、稳定。此外，课后教学基本规范还有助于提升教师的专业素养，促进教师的个人成长。对于学生而言，规范的课后教学有助于培养自主学习能力和良好的学习习惯，提高学习效果。最重要的是，统一的教学标准和规范可以确保学生在教育中的平等地位，促进教育公平。

第二节　体育课堂的基本结构

体育课堂的基本结构分为四个部分，即开始部分、准备部分、基本部分和结束部分。

一、开始部分

开始部分的任务是迅速将学生组织起来，使其集中注意力，明确课的任务和要求，调动学生学习的积极性，使之精神振奋，为上课做好准备。在开始部分，根据本节课的需要，提前准备好所需的体育器材和设备，确保器材的质量和安全性，并对使用方法进行简要介绍，以避免学生在使用过程中发生意外。

此外，检查着装，确保学生穿着合适的运动装备和服装，避免因穿着不当而造成安全问题或影响课堂效果。同时，评估学生状态，在课前对学生的身体状况进行简要评估，了解他们是否有不适或受到限制，必要时安排见习。教师还需简要介绍课堂内容，让学生了解本节课的学习目标、任务和要求，调动学生的积极性和兴趣。

（一）设定教学目标

教师需清晰明确地设定体育课堂的教学目标，并确保学生了解他们从中获得的知识和技能，这有助于学生在学习过程中保持目标感，并为他们的学习成果提供明确的标准。在设定目标时，教师需充分考虑学生的年龄、认知水平和兴趣爱好，以确保教学目标的有效性和针对性。同时，教学目标应具体化，以便教师准确评估学生的学习进度和成果。

（二）设计导入活动

为激发学生的学习兴趣，体育教师需精心设计导入活动。这些活动应具有趣味性，能够迅速吸引学生的注意，促使他们积极参与学习过程。例如，体育教师可以利用游戏、故事、音乐或视频等多元化的导入方式，为学生营造一个愉快的学习氛围。同时，教师需根据学生的年龄和兴趣爱好选择适当的导入活动，以确保活动的效果能够满足学生的学习需求。

（三）概述课堂内容

在正式授课之前，体育教师应对当天的课程内容进行简要概述。通过介绍体育课堂的主要内容和知识点，教师可以帮助学生更好地理解学习的目标和重点。此外，教师还可以引导学生思考与课堂教学相关的实际问题，激发他们的学习兴趣和动力。在概述课程内容时，教师应保持语言简洁明了，避免冗长的解释。同时，教师需根据学生的实际情况对课堂教学内容进行适当的调整，以确保符合学生的实际需求。

总而言之，课堂起始阶段的组织工作对于确保体育课堂的高效运行至关重要，是教师有条不紊地引导学生进入学习情境的过程，旨在创造一个积极、有序的学习环境。

二、准备部分

体育课堂的准备部分是至关重要的，它使学生的身体和心理做好了迎接即将到来的运动和训练的准备。这一环节可以提高课堂效率、减少运动伤害，以及帮助学生更好地掌握技能。其中包括一般性准备活动和专门性准备活动。

（一）一般性准备活动

一般性准备活动是必不可少的。这些活动通常包括一些基本的全身性运动，如慢跑、跳绳、关节活动等。这些活动的目的是提高学生的心率和呼吸频率，使他们的身体逐渐进入运动状态。在寒冷的天气里，教师还可以添加一些功能性训练，如激活肌肉、动态拉伸和神经激活等。

（二）专门性准备活动

专门性准备活动通常与本节课的学习内容紧密相关，旨在帮助学生预先熟悉技能。例如，本节课是篮球投篮的学习，准备部分就可以包括传球和接球的练习。这种准备活动不仅可以帮助学生做好身体上的准备，而且也可以为他们提供心理上的准备，使他们更加自信地面对即将到来的技能学习。

为了更好地准备体育课，教师需要注意以下几点：首先，教师应该确保准备部分的时间充足，以便学生充分热身；其次，教师需要确保准备活动与本节课的学习内容相关，这不仅可以帮助学生做好身体和心理上的准备，还可以提高他们的学习效率；最后，教师需要时刻关注学生的身体状况，避免因过度热身而导致的运动伤害。

总的来说，体育课堂的准备部分是课堂的重要组成部分，教师需要充分重视并精心设计这一环节。

三、基本部分

基本部分是体育课堂的核心部分，它涵盖了教学的主要内容，并且还要根据学生的实际情况进行个性化的设计。教师要全面了解学生的体能状况、技能水平和认知风格，以便为其提供更有针对性的指导。

为了确保每个学生能够熟练掌握所授技能，教师应采取多元化的教学方法。通过讲解，使学生从理论上理解动作要领；通过示范，让学生直观地观察到标准的动作形态；通过实践练习，学生得以亲身体验并逐步掌握技能。

在此过程中，教师还需注重细节指导，及时纠正学生的错误动作，并培养其自主练习的能力，使其在课堂外也能持续提升技能水平。

为确保学生更好地掌握技能，教师还需特别注意以下几点：首先，确保讲解清晰、示范准确，使学生能够正确理解动作要领；其次，给予学生充足的练习时间，使其得以充分体验和实践；最后，及时给予反馈，评估学生的表现并提供指导，助其不断改进技能。

总之，体育课程中的基本部分至关重要，它不仅涵盖教学重点与难点，还要根据学生的实际情况进行个性化设计。通过多元化的教学方法、注重细节的指导和及时的反馈，使学生逐步掌握正确的动作技巧并提升技能水平。

四、结束部分

结束部分是每堂课程中至关重要的一环，它不仅标志着课程的结束，更是对整个教学过程的一次全面回顾和总结。在这个阶段，教师需精心组织一系列的活动，以确保学生在课程结束时得到充分的放松和整理，同时对所学的知识和技能有一个清晰的认识。

（一）放松整理活动

放松整理活动通常包括深呼吸、拉伸等，旨在帮助学生逐渐平复呼吸和心率，缓解肌肉紧张和疲劳。通过这些活动，学生能够更好地调整自己的身体状态，为接下来的学习和训练做好准备。

体育课结束部分需严谨对待，采取有效的肌肉放松措施，确保肌肉充分恢复。同时，对于未得到充分锻炼的肌肉群，应考虑在结束部分加入相应的加强训练，以促进肌肉的平衡发展。通过合理的放松与加强训练相结合，可以进一步提升运动表现，并有效预防运动伤害的发生。因此，建议在每次体育课结束后，实施严谨的放松与加强训练程序，确保身体得到充分的养护和锻炼。

（二）总结学习内容

结束部分不仅要对所学的知识和技能进行回顾，还要评估学生的学习成果，了解学生对所学内容的掌握程度。在这个过程中，教师会针对存在的问题进行指导和纠正，确保学生能够正确理解和掌握所学的知识和技能。

（三）安排课后作业

课后作业旨在帮助学生进行自我练习和巩固所学的技能。通过课后作业，学生能够更好地巩固所学内容，提高自己的技能水平。同时，课后作业也是教师评估学生学习成果的重要依据。

总之，结束部分是每堂课程中不可或缺的一部分。教师能更好地了解学生的学习成果，为后续的教学做好准备。因此，教师应该重视课程的结束部分，精心组织活动和安排课后作业，以确保学生能够充分掌握所学的知识和技能。

综上所述，体育课堂的基本结构分为开始部分、准备部分、基本部分和结束部分，包括课堂导入、热身活动、技能学习与练习、整理活动、课堂评价与反馈。每个部分都有其特定的任务和目标，旨在确保学生在一个完整而有组织的课堂中得到全面的发展。这种结构可以根据不同的教学内容和学生情况进行调整和优化，以满足实际需求。

第三节 体育课堂教学的注意事项

为了确保教学质量和学生的安全，体育课堂教学需要注意学生的安全、充分准备、合理组织、有效指导、注重反馈、关注个体差异、培养学生的体育精神和合理利用教学资源等方面的注意事项。这些注意事项需要贯穿整个教学过程，以确保学生能够在一个安全、有序的环境中学习和成长。

一、教学目标明确恰当

教学目标在体育课堂教学中起着至关重要的作用，它是整个教学的核心，指引着教师和学生的教学方向。在制定教学目标时，教师需要充分考虑学生的实际情况和教学大纲的要求，确保教学目标明确、具体。一个好的教学目标能够激发学生的学习热情，提高学生的学习兴趣，使他们在课堂上更加积极主动。

首先，教师在制定教学目标时应考虑学生的实际情况。每个学生都有不同的身体素质、技能水平和兴趣爱好，因此，教师在制定教学目标时应充分了解学生的特点，根据学生的实际情况制定符合学生需求的教学目标。

其次，教师在制定教学目标时还需要考虑教学大纲的要求。教学大纲是指导教师教学的重要文件，它规定了各门课程的教学目标、教学内容和教学要求。因此，教师在制定教学目标时应遵循教学大纲的要求，确保教学目标符合教学大纲的标准。同时，教师还需要根据教学大纲的要求，合理安排教学内容和教学进度，确保教学的科学性和系统性。

最后，教学目标在整个教学过程中起着引导的作用。教师在教学中应始终以教学目标为指引，通过各种教学方法和手段，引导学生朝着实现教学目标的方向努力。同时，教师还需要及时评估学生的学习情况，根据学生的表现调整教学目标和教学策略，以确保教学的有效性和针对性。

二、教学内容安排适宜

教学内容的选择对于学生的学习效果和兴趣有着至关重要的影响。在选择教学内容时，教师必须充分考虑学生的实际情况，包括年龄、性别、身体条件、技能水平等。这是因为不同学生的背景和需求各不相同，只有根据学生的实际情况进行教学，才能更好地满足他们的需求，激发他们的学习兴趣。

为了确保教学内容的科学性和系统性，教师还需要确保教学内容与教学进度和教学目标相一致。教学内容应该符合教学大纲的要求，同时也要注重知识的连贯性和系统性。教师需要制订合理的教学计划，并根据教学进度进行适当调整，以确保教学的顺利进行。

此外，为了更好地激发学生的学习兴趣，教师可以在教学中引入一些生动有趣的例子、故事或游戏，帮助学生更好地理解知识，提高他们的学习兴趣，让他们更加积极地参与课堂。

三、教学方法科学合理

教学方法在体育课堂教学中起着至关重要的作用。体育教学方法是在体育教学过程中，教师与学生为实现体育教学目标和完成体育教学任务而有计划地采用的、可以产生教与学相互作用的、具有技术性的教学活动的总称，主要包括以下几类。

（一）以语言传递信息为主的教学方法

以语言传递信息为主的教学方法是指教师通过口头语言向学生传授体育知识、运动技能的教学方法。在体育教学过程中，常用的以语言传递信息为主的方法有讲解法、问答法和讨论法。

1. 讲解法

讲解法是指教师运用语言向学生说明教学目标、动作名称、动作要领、动作方法和要求，以指导学生学习和掌握体育的基本知识、练习技术和技能的一种方法。

2. 问答法

问答法也称谈话法，是教师和学生以口头语言问答的方式完成体育教学的方法[1]。

---

[1] 闫闯.我国高等院校拓展训练课程教学理论的研究[D].北京：北京体育大学，2012：69.

3. 讨论法

在教师指导下，学生以全班或小组为单位，围绕教材的中心问题各抒己见，通过讨论或辩论活动，获得体育知识或辅助运动技能学习的一种教学方法。

（二）以直接感知为主的方法

以直接感知为主的方法是指教师通过对实物或直观教具的演示，使学生利用各种感官直接感知客观事物或现象而获得知识的方法。以直接感知为主的方法有示范法、演示法、纠正错误动作法等。

1. 示范法

示范法是教师以自身完成的动作为示范，用以指导学生进行学习的方法。它在使学生了解所学动作的表象、顺序、技术要点和领会动作特征方面具有独特的作用。体育教学中教师示范时，除注意示范面外，还应考虑示范的速度和距离。

由于运动动作的多样性，因此动作示范更要注意"示范面"的问题。示范面是指学生观察示范的视角，也包括示范的速度和距离等要素。示范面有正面、背面、侧面和镜面。

2. 演示法

演示法是教师在体育教学中通过展示各种实物、直观教具，让学生通过观察获得感性认识的教学方法。

3. 纠正错误动作法

纠正错误动作法是体育教师为了纠正学生的错误动作所采用的教学方法。在体育教学中，学生技能的提高是伴随着错误动作的不断出现与不断纠正而进行的。

（三）以身体练习为主的体育教学方法

以身体练习为主的体育教学方法是通过身体练习和技能学习使学生掌握和巩固运动技能、进行身体锻炼的方法。在体育教学实践中，以身体练习为主的体育教学方法有完整练习法、分解练习法、领会教学法和循环练习法等。

1. 完整练习法

完整练习法是从动作开始到结束，不分部分和段落，完整、连续地进行学和练的方法。它适用于"会"和"不会"之间没有质的区别或运动技术难度不高而没有必要进行或不可分解的运动项目。

2. 分解练习法

分解练习法是指将完整的动作分成几部分，逐段进行体育教学的方法。它适用于"会"和"不会"之间有质的区别或运动技术难度较高而又可分解的运动项目[1]。

3. 领会教学法

领会教学法的采用是体育教学方法指导思想的一项重大改革，它从强调动作技术转向培养学生认知能力和兴趣。领会教学法是以"项目介绍"和"比赛概述"作为开始，让学生了解该项目特点和比赛规则，从而使学生一开始就对该运动项目有一个全面的了解。

4. 循环练习法

循环练习法是根据教学和锻炼的需要选定若干练习手段，设置若干个相应的练习站（点），学生按规定顺序、路线和练习要求，逐站依次练习并循环的方法，它是主要的练习方法，也是一种教学组织方法。循环练习的方式有多种，主要是流水式和分组轮换式两种。

---

[1] 闫闯. 我国高等院校拓展训练课程教学理论的研究［D］. 北京：北京体育大学，2012：71.

（四）以情景和竞赛活动为主的体育教学方法

以情景和竞赛活动为主的体育教学方法是指教师在教学中创设一定的情境和比赛活动，使学生通过更生动的运动实践，陶冶性情、提高运动能力、提高运动参与兴趣的教学方法。以情景和竞赛活动为主的体育教学方法有运动游戏法、运动竞赛法、情景教学法等。

1. 运动游戏法

运动游戏法通常有一定的情节和竞争的成分，内容与形式多种多样。但正是游戏中的情节和竞争、合作等要素可以帮助体育教师在教学的过程中培养学生思考和判断能力，陶冶学生的情操，对学生进行心理锻炼等，因此在体育教学中运动游戏法被广泛地采用。

2. 运动竞赛法

运动竞赛法是指通过组织比赛使学生进行技能学习和练习的一种教学方法。

3. 情景教学法

情景教学法是一种主要适应小学低中年级学生，利用低年级学生热衷模仿、想象力丰富、形象思维占主导的特点，进行生动活泼和富有教育意义的教学的方法，这种方法主要遵循幼儿认识和情感变化的规律[1]。

（五）以探究活动为主的体育教学方法

以探究活动为主的体育教学方法有发现法、小群体教学法。

1. 发现法

发现法又称探索法、研究法，是指学生在学习体育的概念和原理时，教师只是给他们一些事例和问题，让学生自己通过观察、验证性活动、思考、讨

---

[1] 闫闯.我国高等院校拓展训练课程教学理论的研究［D］.北京：北京体育大学，2012：73.

论和听讲等途径独立地探究学习，自行发现并掌握相应的原理和结论的一种方法。

2. 小群体教学法

小群体教学法也被称为"小集团教学模式"，是通过体育教学中的集体因素、学生间交流的社会性作用、学生的互帮互学提高学生的学习主动性，提高学习质量，并对学生实现社会性培养的一种教学方法。

为了实现教学目标，教师需要根据不同的教学内容和学生的实际情况[1]，灵活运用各种教学方法。在教学中，要将教师示范讲解与学生自主学练以及合作学练和探究学练有机结合，将集体学练、分组学练和个体学练结合，引导学生积极思考、主动探索、自觉实践，培养学生分析问题和解决问题的能力及创新意识[2]。

总之，教学方法是实现体育课堂教学目标的重要手段。教师在选用教学方法时，应该根据实际情况灵活运用，注重培养学生的自主学习与合作学习能力。通过多样化的学习方式，激发学生的学习热情和积极性，提高学生的运动技能和身体素质[3]。

四、教学过程严谨有序

教学过程是体育课堂教学的核心环节，它直接关系到学生的学习效果和身心发展。在体育课堂教学中，教师需要注重教学的节奏和秩序，合理安排教学内容和时间，使整个教学过程严谨有序。

首先，教师在课前应该充分备课，了解学生的实际情况和需求，制订科学合理的教学计划。在课堂教学中，教师应该注重观察学生的表现和反应，及时调整教学策略，确保教学的有效性和针对性。例如，当发现学生出现疲劳或注

---

[1] 代忠波.初级中学武术教学方法的应用研究[J].武术研究，2020，5（1）：82-84.

[2] 钟秉枢，李楠.以数字化赋能体育与健康课程高质量发展[J].中小学数字化教学，2022（3）：5-9.

[3] 杨东明.高中体育教学中加强学生身体素质的有效途径分析[J].中国多媒体与网络教学学报（下旬刊），2022（9）：248-250.

意力不集中时，可以适当调整教学节奏或改变教学方式，以激发学生的学习兴趣和动力。

其次，教师还应该注重课堂纪律和安全教育。体育课堂教学需要学生在一定的空间内进行活动，因此课堂纪律和安全教育尤为重要。教师需要制定明确的课堂纪律规定，要求学生严格遵守，同时加强安全教育，提醒学生注意安全，确保学生在安全的环境中学习和锻炼。

最后，教师还应该注重培养学生的体育精神和团队协作能力。在体育课堂教学中，教师可以安排一些团队游戏或竞赛活动，引导学生相互协作、共同进步，培养他们的集体意识和合作精神。这样不仅可以提高学生的体育技能水平，还有助于促进学生的全面发展。

五、教学评价公正客观

教学评价在体育课堂教学中扮演着至关重要的角色。通过有效的教学评价，教师不仅能了解学生的学习状况，还能获取学生的反馈，从而及时调整教学策略，提高教学质量。同时，学生也能通过评价了解自己的学习状况和不足之处，从而调整学习方法，提升学习效果。

为了确保评价的公正性和客观性，教师应当选择适宜的评价方式。依据评价目的、评价内容、评价主体、评价情境等实际情况，注重过程性评价与终结性评价、定性评价与定量评价、相对性评价与绝对性评价、教师评价与学生评价相结合，积极探索增值评价，健全综合评价[1]。例如，可以将学生的平时成绩、考试成绩、自评和互评等纳入评价体系。

此外，教师还应当注重评价的及时性和全面性。及时的教学评价能让学生尽快了解自己的学习状况，从而调整学习状态。全面的教学评价则能让学生更清楚地了解自己的长处和不足，从而有针对性地提高。

总的来说，教学评价是提高体育教学质量的关键。为了更好地指导学生改进和提高，教师应当注重评价的公正性、客观性、及时性和全面性，并采用多

---

[1] 钟秉枢，李楠. 以数字化赋能体育与健康课程高质量发展[J]. 中小学数字化教学，2022（3）：5-9.

种评价方式和方法。同时，教师还应当不断探索和研究新的教学评价方法，以适应不断变化的教育环境和学生需求。

本章小结

在学校教育的诸种教学形式中，体育课堂教学行为是独具特色的一种，是落实体育课程理念，提高体育教学质量的关键。体育课堂教学是学校体育工作的基本组织形式，也是体育教学的中心环节。本章从体育课堂教学的概念和分类出发，从学校体育相关政策对规范体育课堂教学的启示和普通高等学校师范类专业认证工作对学生"学会教学"能力的要求两方面详细分析了体育课堂教学规范的重要意义，并简单阐释了体育课堂教学的多学科理论基础，这些政策和学科的知识为体育课堂教学的各个方面提供了理论支持和指导。体育课堂教学基本规范包括课前教学基本规范、课中教学基本规范和课后教学基本规范三类；从体育课堂的基本结构来讲，主要包括开始部分、准备部分、基本部分和结束部分，分别从教学目标、教学内容、教学方法、教学过程和教学评价五个方面提出体育课堂教学注意事项。此外，体育课堂教学还需要满足一些基本要求，如组织严密、规范操作、安全保护和伤害事故预防等。总之，体育课堂教学需要遵循一定的规范和要求，以确保教学质量的提高和促进学生的身心健康。

思考题

1. 体育课堂教学基本规范的相关政策依据有哪些？
2. 体育课堂教学分为几个环节，在教学中应注意什么？
3. 您如何理解体育课堂教学基本规范？

第二章
体育课堂术语运用规范

体育术语是体育学科的专门用语，指在体育学范畴内用于表示区别于其他事物的特定概念的语言符号。体育术语是一种专业的语言，能够准确描述技术动作和教学策略等。正确使用体育术语可以确保教师和学生之间的沟通清晰明了。这有助于避免误解，确保每个学生都能理解特定的运动技术，并且认识更加深刻，从而提高课堂教学效果。体育术语的合理运用还可以展现专业素养，也可以使学生更容易理解和记忆运动技术、解剖学、生理学等方面的概念。然而，当前广大体育教师对体育术语的掌握程度不一，对体育课堂中体育术语使用的原则和方式尚未形成统一认识。通过本章内容的讲解，可以帮助大、中、小学体育教师掌握体育课常用基本术语，并为常规课堂教学中如何使用术语提供参考[1]。

第一节 体育术语与体操术语概述

术语是特定学科领域用来表示概念的称谓的集合，在我国又称为名词或科技名词（不同于语法学中的名词）。术语是通过语音或文字表达或限定科学概念的约定性符号，是保证有效思想和认识交流的工具，它具有三个特点：具有严格规定的意义、通常是单义的、仅为数量相对有限的使用者所熟悉[2]。在体育领域，术语被分为动作术语、规则术语和文化术语三种[3]。动作术语指体育比赛中描述专业技术动作的名词；规则术语是体育比赛中的特定规则名称；文

---

[1]张和平,裴欣欣.体育英语术语翻译研究[J].文体用品与科技,2015(22):136;144.
[2]彭宏.社会科学大词典[M].北京:中国国际广播出版社,1989.
[3]巩晨,庞钰,赵文宇.NBA新媒体体育新闻标题的制作技巧[J].传播与版权,2018(5):15–17.

化术语则是能够体现比赛之外的体育文化和体育精神与价值的名称。本章所讲内容主要是以体操术语为基础的动作术语和规则术语。其中，以体操术语为基础是因为体操是最基础的体育运动形式，其基本术语能够在体育的各个项目中广泛应用。从体育本质属性的角度讲，任何体育运动项目都是以身体操练为基础的，而体操在成为如今这个运动项目之前原本指的就是身体操练。公元前5世纪，古希腊人把诸如走、跑、跳、投掷、攀登、摔跤、舞蹈、骑马，以及军事游戏的身体锻炼、竞技运动和游戏等一切身体活动，统称为"体操"，这个涵盖所有运动形式的体操概念在西方沿用了上千年，致使在相当长的时期内"体操"与"体育"相互混用，概念不清。因此，近代我国在西方影响下一直以"体操"一词指体育，把学校的体育课称为"体操课"[1]。正是在这一时期，我国体育课堂用语体系初步形成，并且其中许多用语沿用至今。

《义务教育阶段体育与健康课程标准（2022年版）》中指出，义务教育体育健康课程是以身体练习为主要手段，以体育与健康知识、技能和方法为主要学习内容的课程。统一规范体育课教学中动作和规则的术语使用，有助于帮助教师准确讲授动作细节和技术要领、清晰描述比赛规则，提升教师和学生、学生和他人之间关于体育内容的沟通交流效率，培养学生的体育专业素养，从而保证体育课堂教学的质量和效果，促进学生核心素养的形成。

在体育课堂教学中规范运用术语有很多益处，而规范运用术语的前提是掌握一定量的术语和理解术语的内涵，所以本节内容主要就体育课常见的基本体操术语进行介绍，其中包括人体运动轴和器械轴、方向术语、动作关系术语、握持器械方法术语、垫上练习术语、跳跃术语。

一、人体运动轴和器械轴

（一）人体运动轴

人体运动轴是为了更好地理解人体的旋转运动而假设的三个互相垂直的基本轴（图2-1），包括纵轴、横轴和前后轴。

---

[1] 李斐，陈振华. 关于抓好体操基础教学与练习的几点思考[J]. 体育师友，2014，37（1）：14-15.

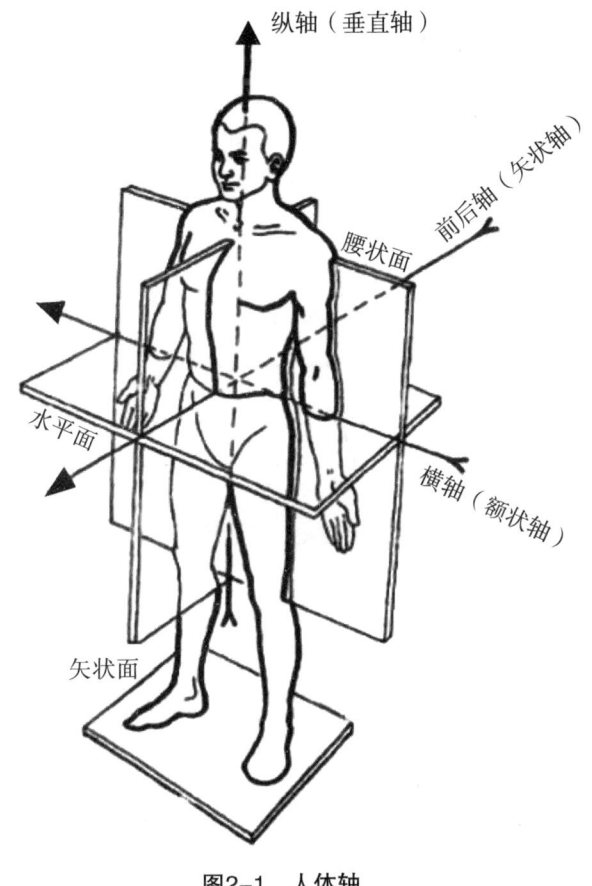

图2-1 人体轴

纵轴：通过身体重心的上下连线，也称为垂直轴。人体围绕纵轴可进行各种转体运动，如原地跳转180°。

横轴：通过身体重心的左右连线，也可称作额状轴或冠状轴。人体围绕横轴可以进行各种前后翻的动作，如垫上前滚翻、单杠支撑前翻下。此外，通过人体两肩的连线称为肩轴，同属横轴[1]。

前后轴：通过身体重心的前后连线，也称作矢状轴。人体通过前后轴可做各种左、右翻的动作，如侧手翻、侧空翻等。

---

[1] 体育院、系教材编审委员会《体操》编写组编. 体操[M]. 北京：人民体育出版社，1989：15-16.

（二）器械轴

器械轴是指器械最长的工作部分。例如单杠、双杠、高低杠和平衡木等，都是指沿杠或沿木的线；鞍马和跳马是指马身的线；通过吊环两握点间的假设连线，如图2-2所示。

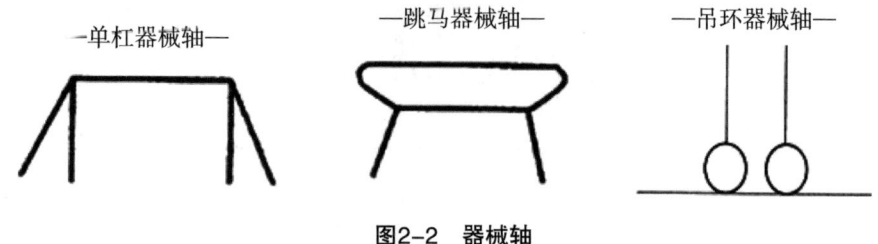

图2-2　器械轴

二、方向术语

方向术语包括动作方向术语、器械相对于人的方向术语和人体各部位相对运动方向术语。

（一）动作方向术语

动作方向是指身体和身体某部位运动的方向，一般根据人体直立时的基本方位确定，有基本方向、中间方向和斜方向三种。

1. 基本方向

前：胸所对的方向。如果是倒立或者是倒悬垂时，胸所对的方向则为"后"。

后：背所对的方向。

侧：肩所对的方向。

上：头所对的方向。

下：脚所对的方向。

2. 中间方向

指相邻的两个基本方向之间45°的方向。如"前上"为"前"和"上"之间45°的方向；同理，"前下"为"前"和"下"之间45°的方向；此外还有"侧上""侧下""后上""后下"及"前侧"等中间方向。

3. 斜方向

指相邻的三个基本方向之间正中的方向。如"斜前上"为"前""侧""上"三个基本方向之间正中的方向。此外，还有"斜前下""斜后上""斜后下"等。

（二）器械相对于人的方向术语

①前、后：器械在胸所对的方向为"前"；在背所对的方向为"后"。

②左、右：器械在左肩所对的方向为"左"；在右肩所对的方向为"右"。

③内、外：双杠和高低杠专用。人在两杠之间为"内"；在两杠的外面为"外"。

④正、侧：肩轴与器械轴平行为"正"；肩轴与器械轴垂直为"侧"。

⑤远、近：器械远离人体的部位为"远"；靠近人体部位为"近"。

⑥纵、横：肩轴与器械轴垂直为"纵"；与器械轴平行为"横"。如纵箱、横箱。

⑦斜：胸所对的方向与器械轴形成锐角。如横箱的斜进助跑直角腾越和挺身腾越。

（三）人体各部位相对运动方向术语

①同侧、异侧：人体某部位的运动方向与人体运动方向相同为"同侧"，反之，为"异侧"。如鞍马单腿同侧全旋和异侧全旋。

②向内、向外：两臂或两腿向身体中线靠近的运动为"向内"，反之，为"向外"；或胸向器械（或支点）方向的转体为"向内"，反之，为"向外"。如双杠外侧坐向内转体180°成分腿坐。

三、动作关系术语

1. 同时

人体不同部位的动作在同一时间完成或人体在同一时间完成两个或两个以上的动作时用"同时"表达。如体后屈,同时两臂上举(掌心向前);单杠的支撑后摆腿,同时转体90°下。

2. 依次

在单个动作中,人体不同部位先后做相同的动作用"依次"表达。如技巧侧手翻两手依次支撑、两脚依次落地[1]。

3. 接

单个动作间要求连续完成时用"接"表达。如技巧前手翻接团身前空翻。

4. 经

在完成动作过程中必须经过的某一特定的位置或姿势,用"经"表达。如横箱跳上,经蹲撑挺身跳下。

5. 成

指完成动作时特定的身体姿势,用"成"表达。如单杠跳上成支撑—单腿摆越成骑撑。

四、握持器械方法的术语

1. 正握

两手虎口相对的握器械姿势,一般要求两手距离同肩宽。

---

[1]体育院、系教材编审委员会《体操》编写组编.体操[M].北京:人民体育出版社,1989:18.

2. 反握

两手虎口向外的握器械姿势，一般要求两手距离同肩宽。

3. 交叉握

两手臂交叉握器械的姿势。

4. 正反握

一手正握，另一手反握。

5. 扭臂握

两臂旋内，两手大拇指翻向外握器械。

6. 扭反握

一手扭臂握，另一手反握。

7. 全握

五指并拢的握器械姿势，一般在高低杠中使用。

8. 深握

扣腕，靠近手掌根部握器械的姿势，一般在吊环中使用。

9. 从内握

两手从两杠的内侧握杠，手背相对。一般在双杠中使用。

10. 从外握

两手从两杠的外侧握杠，手掌相对。一般在双杠中使用。

五、器械体操术语

器械术语是用于描述器械特性和使用方法的专门用语。这些术语根据不同的领域和用途有不同的定义。例如，在武术中，器械术语被用来描述各种器械的特性和使用方式。这些术语包括长器械、短器械、软器械等，分别用来描述器械的长度、使用方式和形态特点。另外，在艺术体操中，也有一套专门的器械术语。这些术语用于描述艺术体操比赛项目中使用的器械，如绳、圈、球、棒和带等，器械体操是一种在横木、吊环等装备上进行的体操项目。

吊环：在两根吊绳下端分别系着用皮革包着的铁环。运动员在环上进行各种动作，展示力量和稳定性。

自由体操：在平坦的地面上进行的体操项目，通常包括舞蹈、跳跃和各种翻腾动作。运动员可以运用音乐来增添艺术性。

跳马：运动员通过助跑和跳跃，从跳马上进行各种动作。跳马通常有不同的形状和高度，运动员需要在短时间内展示技术和难度。

高低杠：两根高低不同的横木，女子体操运动员在上面进行各种技术动作，包括旋转、倒挂和腾空等。

平衡木：长方形的木梁，女子体操运动员在上面进行各种平衡动作，包括翻腾、跳跃和转体。

鞍马：一种小马形状的器械，男子体操运动员在上面进行各种技术动作，包括挥动腿部、转体和倒立。

单杠：一根横置在支架上的水平杠，是体操项目中的一种。运动员可以利用单杠进行各种动作和动作组合，展示力量、灵活性和技巧等。单杠动作通常包括各种悬垂、摆动和倒立动作等。

在体育教学中，教师通常根据学校设备和学生水平制定各种体操项目，以促进学生全面发展，还设置了一些常见的体操项目，如跳山羊、地面体操、横木等。

（一）基本动作术语

1. 支撑

手、臂或身体其他部位撑器械，肩轴高于（或平于）器械轴的一种姿势。分单纯支撑和混合支撑两种。

（1）单纯支撑

只用手或只用身体某部分撑器械的姿势。如吊环的十字支撑；高低杠的手倒立等。

（2）混合支撑

除手臂外，身体其他部分同时支撑器械的姿势。如单杠的骑撑；双杠的分腿坐等。

2. 悬垂

手臂或者身体其他部位悬挂器械，肩轴低于器械轴的一种姿势。分单纯悬垂和混合悬垂两种。

（1）单纯悬垂

只用手或只用身体某部分悬挂器械的姿势。如吊环的倒悬垂；单杠和高低杠的悬垂等。

（2）混合悬垂

除手臂外，身体其他部位同时悬挂器械的姿势。如单杠的单挂膝悬垂等[1]。

3. 摆动

在悬垂或支撑中，身体围绕器械轴或某一运动轴或某支点做往返、对称的弧形运动。如双杠的支撑摆动；单杠的悬垂摆动等。

4. 摆荡

身体和器械一同摆动的动作。如吊环或吊绳上的前后或左右摆荡。

5. 回环

身体围绕器械轴做一周或一周以上的圆形动作。有短半径回环和长半径回环

---

[1] 体育院、系教材编审委员会《体操》编写组编. 体操 [M]. 北京：人民体育出版社，1989（1）：21.

（大回环）两种。

（1）短半径回环

以腹部为轴或手握器械，屈体做的各种回环动作。如腹回环、屈体立撑回环、腾身回环、正掏回环等。

（2）长半径回环

手持器械，身体做的各种回环动作。如向后（向前）大回环、扭臂握向前（反吊）大回环等。

6. 摆越

单腿或双腿从器械上或下摆过的动作。如单杠的支撑单腿摆越成骑撑；鞍马的单腿异侧摆越等。

7. 腾越

整个身体腾起从器械上越过的动作，如山羊分腿腾越，单杠特卡切夫腾越等。

8. 屈伸

通过髋关节的屈和伸而使身体重心上升的动作。如单杠、高低杠和双杠的各种屈伸上。

9. 弧形

在支撑或悬垂摆动中，通过髋关节的屈伸而使身体重心沿抛物线弧形上升的动作。如单杠支撑后倒弧形下[1]。

10. 振浪

以摆腿带动髋关节屈伸做"鞭打式"的摆动动作。

---

[1] 体育院、系教材编审委员会《体操》编写组编.体操［M］.北京人民体育出版社，1989：22.

11. 上

完成动作时身体重心由较低位置升至较高位置。

12. 下

完成动作时身体重心由较高位置降至较低位置。

13. 上法

按一定技术要求从地面上至器械上的动作，一般是成套动作中的第一个动作。

14. 下法

按一定技术要求主动从器械上落至地面的动作，一般是成套动作中的最后一个动作。

15. 交叉

两腿在器械上同时做相反方向的摆越动作。如鞍马的正（或反）交叉。

16. 进、出

鞍马项目中从马端移至环上或环中的动作叫"进"；反之，从环上或环中移至马端的动作叫"出"。

17. 平移

移位时，身体的横轴与器械轴平行。

18. 全旋

单腿或双腿做一周或一周以上的环绕式动作。

（二）基本技术要领术语

1. 梗头

头颈部紧张固定、正直、下颚内收。如单杠支撑后回环的梗头技术。

2. 低头

头部以环枕关节为轴做前屈动作。在做团身等动作时,往往要求低头,如前滚翻。

3. 抬头

头部以环枕关节为轴做后屈动作。在做挺胸、身体后屈等动作时,往往采用抬头技术,如技巧俯平衡等。

4. 顶肩

手在支撑及推离地面或器械时,肩胛骨外展或上回旋,是用以加固、提高支撑位置及加大推撑力量的技术。如做跳马动作时的顶肩推手技术。

5. 推手

在支撑过程中,伸臂肌群及屈臂肌群的短发性收缩,配以顶肩做推离支点的动作。如技巧前手翻和跳马的推手技术等。

6. 跟肩

肩部向前加速移动,上体前跟的技术。如单杠骑撑前回环后半部分动作的跟肩技术。

7. 含胸

两肩和胸内收,稳定和提高身体重心的技术。如技巧手倒立。

8. 挺胸

肩背肌群收缩、胸廓扩展,防止身体前翻,或使动作更富美感的技术。如技巧头手翻的挺胸展体技术。

9. 立腰

通过腰腹部肌群收缩,使脊柱充分伸直,立上体,做短暂固定的紧腰技术。如平衡木上的各种转体动作的立腰技术。

10. 送髋

在下肢加速前摆运动过程中，骨盆后倾，使髋部向上远离支点的技术，主要用于加大动作摆幅。如双挂臂上成分腿坐的送髋技术。

11. 提臀

髋关节前屈使臀部由较低位置上至较高位置的技术。如双杠慢起肩倒立、慢起头倒立的提臀技术[1]。

六、垫上练习术语

1. 坐

以臀部和大腿后侧着地（器械）的姿势。常见的有直角坐、分腿坐、跪坐等。

2. 卧

身体躺在地面上的姿势。胸向上的卧姿为仰卧；胸向下的卧姿为俯卧；肩的一侧向地面的卧姿为侧卧。手臂姿势根据需要而定。

3. 撑

两手和身体其他部位同时支撑地面的姿势。根据身体姿势的不同有俯撑、仰撑、侧撑、蹲撑、跪撑等。

4. 劈腿

两腿最大限度地分开成一直线。根据两腿与身体的相对位置及腿的姿势，劈腿可分为纵劈腿、横劈腿和半劈腿。

---

[1] 蔺新茂. 体操 [M]. 重庆：重庆大学出版社，2017.

5. 桥

背向地面，两手（两臂）上举与两脚支撑，肩脚尽量靠近，身体最大限度地向后弯曲成反弓形的姿势。

6. 平衡

用手、脚或身体的某一部位支撑地面，身体成某种姿势并保持一定时间静止不动的动作（一般要求停2秒）。如俯平衡（燕式平衡）、侧平衡、跪撑平衡等，表达时应指明支撑腿。

7. 倒立

用手或手和身体的其他部位支撑地面，头在下、脚在上，身体与地面垂直并静止一定时间的动作（一般要求停2秒）。如手倒立、头手倒立、肩肘倒立等。

8. 滚动

身体的某些部位依次支撑地面，但不经过头部的翻滚动作。如团身前后滚动、直体向左侧滚动等。

9. 滚翻

身体的某些部位依次支撑地面，并经过头部的翻转动作。如团身后滚翻、鱼跃前滚翻等。

10. 手翻

用手或头支撑地面，并经过头部的翻转动作。如前手翻、后手翻、头手翻等。

11. 空翻

在腾空中，经过头部的翻转动作。如屈体前空翻、直体后空翻等[1]。

---

[1] 蔺新茂.体操[M].重庆：重庆大学出版社，2017.

12. 空翻转体

在空翻过程中完成转体动作。如直体后空翻同时转体720°、团身前空翻同时转体360°等。若空翻两周同时转体则称为"旋空翻",如团身后空翻两周同时转体360°称为"团身后空翻360°旋"、直体后空翻两周同时转体360°称为"直体后空翻360°旋"等。

七、跳跃术语

1. 助跑

上板前为获得一定的水平速度而进行的加速跑或全速跑。助跑距离根据需要可长可短,根据规则的要求,助跑距离不得超过25米。

2. 踏跳

从双脚触板至双脚离板的动作过程。

3. 第一腾空

从双脚离板至双手撑马的动作过程。

4. 推手

从双手撑马至双手推离马的动作过程。

5. 第二腾空

从双手推离马至双脚着地的动作过程。

6. 落地

从双脚着地至站稳的动作过程。

第二节　体育术语与体操术语使用的基本规范

本节内容主要分为两部分：第一部分是以体操动作为例，介绍使用术语记写体育动作的方法，包括体操动作的构成、体操动作的记写方法、徒手体操动作记写规则，以及技巧运动、器械体操和跳跃的记写规则；第二部分主要介绍体育课堂教学中术语的使用，其中包括运用的原则和运用的方式。

一、体育动作记写规范

体育动作的记写指的是将一个体育动作的全过程用文字的形式表达并记录下来，各运动项目教科书中对动作方法的描述均属于此。记写的过程非常考验记写者对体育术语的掌握和使用水平，因为记写过程中术语的使用会直接影响动作描述的客观性、精准性、全面性和简洁性，进而影响读者对该动作的理解和认知。基于此，为了更好地使学生对项目技术和身体练习的动作进行认识，以及为广大体育教师设立记写体育动作方法的规范，本章主要围绕体操术语展开讲解，以体操动作的记写为例，为大家介绍体育动作的记写规范。

（一）体操动作的构成

按结构术语的要求，体操动作一般由六部分构成。

1. 开始姿势

动作开始时身体的状态。有悬垂、支撑、直立、分腿坐、起跳、蹲撑、后撑、挂臂撑等。

2. 动作部位

身体的哪些环节做动作。有头、臂、腿等部位，通常用于徒手体操术语的构成部分，器械体操和技巧动作术语一般被省略。

3. 动作方向

肢体运动时所指向的空间位置。基本方向为前、后、左、右、上、下；中间方向为前上、前下、侧上、侧下、前上外、前上内、后下外、后下内等。

4. 动作形式

有团身、屈体、直体、分腿、直臂、屈臂等。

5. 动作做法

肢体运用哪种具体方法做动作。有摆动、回环、转体、弧形、屈伸、滚翻、空翻、腾越，以及举、绕、绕环、转、踢、跳、振等。

6. 结束姿势

完成动作后所处的位置或状态。有直立、半蹲等。

（二）体操动作的记写方法

1. 完整记写法

根据结构术语记写的要求，详细、准确地说明具体动作。一般多用于编写比赛规定动作、测验动作、等级大纲、体育锻炼标准等。例如，一套单杠动作可记写为：悬垂摆动屈伸上接后摆——支撑后回环——左（右）腿摆越成骑撑——两手换反握，骑撑前回环——右（左）腿摆越向左（右）转体180°成支撑——后摆转体90°[1]。

2. 简略记写法

简略记写体操动作的一种方法，只简单记写动作的做法或动作名称。多用于编写教学大纲、教案，如动作名称简写为"十字""水平""人名术语"等。

---

[1] 蔺新茂.体操［M］.重庆：重庆大学出版社，2017.

3. 命名记写法

由国际体操联合会批准的，以某国、某地或某运动员的名字来命名与其相关的某一体操动作的方法。如跳马的"冢原跳""尤尔琴柯跳"，以及单杠的"俄式大回环""毕氏转体""黄秋爽转体（扭掏毕转）"等。

4. 传统记忆法

沿用我国戏剧毽子功、民间杂耍中广泛流传的传统术语对一些技巧动作所做的另一种命名。如"手倒立"叫"拿大顶"，"后手翻"叫"小翻"，"挺身后空翻双足依次落"叫"拉拉提"，"侧空翻"叫"聂子"等。

5. 图解记写法

用单个或连续图说明动作。包括单线条、黑块、轮廓等绘图方法。其特点是直观、运用方便，一般用于编写教材、教案等[1]。

（三）徒手体操动作的记写规则

徒手体操一般采取分"节"记写的方法，各"节"的单个动作，应写出以下内容：预备姿势、动作部位、动作方向、动作形式、动作方法、结束姿势。

1. 每拍动作的记写

（1）记写顺序

徒手体操动作记写的顺序一般是先记写下肢，再记写上肢，最后记写躯干和头部。例如，从人体直立姿势开始，左脚侧出成开立，同时两臂上举，身体后屈，抬头、挺胸。如果不按从下至上的顺序记写，所有拍节动作都按照同一顺序记写，以免造成混乱。

---

[1] 蔺新茂.体操［M］.重庆：重庆大学出版社，2017.

（2）动作方向

身体某个环节每拍动作的方向不止一个时，记写的规律如下：

一个方向：直接记写。如两臂前举、两臂上举等。

两个方向：一般用"经—至"二字连接。如从人体直立姿势开始，两臂经前绕至侧举；从直立两臂侧举开始，两臂经下绕至前举等。

三个方向：一般用"向—经—至"三字连接。如从直立两臂侧举开始，两臂向下经前绕至上举。

（3）动作路线

当肢体运动路线为通常最短的途径时，可以省略"路线"要素。例如，从直立姿势开始，做两臂上举，通常是指两臂"经前"至上举，此时的"经前"二字可以省略；如果两臂路线是"经侧"至上举，此时的"经侧"则不能省略。

2. 每节动作的记写

（1）记写的内容和顺序

一般记写的内容和顺序是动作的序号、名称、拍节、开始姿势（预备姿势）、每拍动作和结束姿势等。

（2）动作还原的记写

"还原"的含义是指完全按照原路线返回至原来姿势的动作。如从直立姿势开始，①两臂前举；②还原（成直立）；③两臂侧举；④还原（成直立）。如果改变为：①两臂前举；②两臂上举；③两臂侧举；④两臂下举成直立。而第④拍不宜用"还原"表述，因为动作不是按照原路线返回原来姿势。

（3）动作相同的记写

一种是动作完全相同的重复练习，可以用"同××动作"表示；另一种是动作相同，但肢体环节或动作方向不同，一般可用"动作相同，但方向相反"表示。

（四）技巧运动、器械体操和跳跃动作术语的记写规则

按照结构术语的要求，凡是体操练习中最基本、最常用、最简单的某些要素或动作本身已经有所限定的要素，一般都无须记写。换言之，凡是术语记写中没有出现的要素，都可用最基本、最常用、最简单的方式理解。

1. 开始姿势

在联合动作或整套动作中，只需指明第一个动作的开始姿势，以后动作的开始姿势可省略。因为，前一个动作的结束姿势，就是后一个动作的开始姿势。动作之间的连接，可以用阿拉伯数字排序，也可以用"——"连接。例如，双杠整套动作：挂臂前摆上成支撑——后摆转体180°成分腿坐——分腿慢起成肩倒立——屈体前滚翻成分腿坐——两手体后握杠，两腿屈膝弹杠摆起并拢——支撑后摆挺身跳下。

2. 动作方向

动作有既定方向的可以省略。例如，跳马的分腿腾越，可省略"向前"两字；但纵马的向后分腿腾越，其中的"向后"不能省略，它表明了动作的确切方向。

"向前"摆越可以省略。例如，单杠和双杠的单腿向前摆越、分腿向前摆越等，可以省略"向前"两字，记写为单腿摆越、分腿摆越等。但向后的摆越则要指明，如单杠的骑撑、前腿向后摆越成支撑，双杠支撑分腿向后摆越成支撑等，"向后"两字不能省略。

最基本的方向可以省略。例如，双杠的侧撑、单杠和高低杠的正撑等，都可以记写为"支撑"。但双杠的"正撑"要指明。

3. 动作形式

属于体操风格的最基本的形式可以省略。例如，双腿并拢、伸直、脚面绷直，两臂伸直等，在记写中均可省略。如单杠支撑后摆挺身下，不必记写"两腿并拢、伸直、脚面绷直"等，但动作有特殊要求时需要指明。

4. 动作做法

完成动作的速度与肌肉紧张程度有特定要求时要指明，其他可以省略。例如，双杠的分腿坐慢起成肩倒立，其中"慢起"指明了动作的性质，不能省略。此外，做转体动作时，如果是转体180°，通常可以省略转体的度数，例如，单杠的骑撑转体180°成支撑，可以缩写为骑撑转体成支撑。如果转体90°、270°或360°等均需指明。

二、体育课堂教学中术语运用的规范

本章所介绍的全部术语主要目的是帮助课堂教学实现规范化，所以掌握课堂教学术语的下一步就是明白如何在教学实践中使用。本部分就课堂中术语运用的原则、方法进行介绍，以期对广大体育教师或体育教育专业学生有所帮助。

（一）体育课堂教学中体育术语的运用原则

1. 准确性原则

术语的含义和使用范围是确定的，一个术语通常不能用来代表其他意思，所以体育教师在课堂中应特别注意术语使用的准确性，以保证用正确的术语描述对应的情况。如在组织学生进行4×100米接力比赛时，有学生在弯道处踩踏了分道线，这时应将该行为判定为"踩线"而不是"串道"，并依据学生具体情况和比赛规则判定该学生是否存在犯规。

2. 一致性原则

第一，体育教师在课堂中要按规定好的体系使用术语，如果在某节课上使用术语表示某个意思，日后的课程中也应使用同样的术语对该意思进行表述。例如，某节田径课上让学生练习小步跑、高抬腿等动作并告诉学生这些是"跑的专门练习"，下节课再让学生做时也应使用"跑的专门练习"一词，而不是告诉学生去做"专项准备活动"。第二，体育教师应尽量避免术语和口语掺混运用的情况。比如，教师在进行动作讲解时是"臀部"和"膝关节"，而在纠正学生动作时，说"屁股"和"波棱盖儿"，就是没有做到术语运用的一致性。

3. 易懂性原则

在使用术语进行教学时，应确保目标学生有理解术语含义的能力，即术语的运用应使人容易理解。所以在初次对目标学生使用某些术语时，体育教师应对这些术语予以适当的解释，以保证在以后教学中直接使用这些术语时学生能明白其中代表的意思，从而避免学生出现理解困难的情况，并帮助学生养成使用术语的习惯。如对第一次上田径课的学生说"跑的专门练习"，学生可能不甚理解而表现茫然，这时就应向学生说明"跑的专门练习"是包括小步跑、高抬腿跑等模拟跑的技术动作进行的练习方式的总称，并表示接下来的课程中提到"跑的专门练习"，便是要做这些练习动作。

4. 有效性原则

在体育课堂教学中使用术语最主要的目的是增强课堂教学用语的规范性，使学生更好地理解教学内容，并方便沟通交流，以实现课堂教学效果的提升。所以体育教师在使用术语时，应处理好与通俗语言之间的关系，注意术语的使用是否有助于达到上述目的，如果有些术语冗长而复杂，则应适当将其转化为通俗易懂的语言进行教学讲解。

（二）体育课堂教学中体育术语的运用方式

1. 直接使用

这是体育课堂教学中术语使用最常见也是最简单的方式，即在想表达某一概念或表示某一动作时直接使用代表他们的术语，如在指导学生跑步技术动作时的"支撑腿"和"摆动腿"。

2. 作为辅助理解的工具使用

体育课堂教学过程中，有时即便已经用相当准确的语言向学生形容了一个动作的完成方法，并且教师通过视频或亲身示范等方式向学生进行展示，学生也难以理解，这时就需要教师使用一些学生熟悉的概念或已学过的动作帮助学生理解，而此时应当使用指代该概念或动作的术语，以保证所有学生理解的内容一致。如在教学生完成啦啦操项目中的"阿拉C杠"动作时，如果学生凭借展示和语言无法理解其中转体的方式，可以通过引导学生回忆"单足立转"时的转体感觉帮助学生理解。

3. 帮助通俗用语标准化

体育课是以育人为根本目的、面向全体学生的课程，所以在组织课堂教学用语时不仅要考虑其规范性和对专业知识描述的精准性，还要考虑是否有助于学生的理解和是否能调动学生的学习兴趣，所以在体育课堂教学中，通俗用语也有其不可缺少的价值。但通俗用语样式繁多，缺乏统一标准，这就有必要使用术语对通俗用语进行转化，以达到课堂教学用语既符合专业规范要求，听起来又贴近生活实践的目的。

第三节 体育项目常见术语与体育文化术语介绍

本节主要通过举例介绍除体操项目外的其他各类体育项目中常见术语和体育文化相关术语，以期帮助广大体育教师和体育教育专业学生拓展相关知识。

一、体育项目常见术语介绍

《义务教育体育与健康课程标准（2022年版）》将义务教育阶段体育与健康课程内容的专项运动技能划分为球类运动、田径类运动、体操类运动、水上或冰雪类运动、中华传统体育类运动、新兴体育类运动六类[1]。由于体操项目术语之前章节已介绍过，新兴体育类运动发展迅速，术语系统尚需构建，所以此

---

[1] 张磊. 核心素养导向的中小学体育课程一体化建设：台湾经验与启示[J]. 成都体育学院学报，2021，47（5）：31-38.

处主要介绍其他四大类运动项目中常见的体育术语。又因各项目术语繁多，仅就各项目术语举部分例子介绍，并非全部呈现，有需要的读者可自行查阅拓展。

（一）球类运动项目

1. 篮球

（1）走步

篮球比赛中违例的一种。为了限制持球者的移动方式，篮球规则定义持球者必须以运球的方式移动，持球状态（即非运球状态）的移动则受到充分的限制[1]。而在持球状态下（非运球状态），持球者只要移动超过指定范围、方式，就是走步。

（2）篮板球

在篮球比赛中，出手投篮未中的球被称为篮板球，此时双方球员均可参与对球权的争夺，如进攻方夺得球，则球权不发生转换，此时该篮板球称为"进攻篮板"，如防守方夺得球，则球权发生转换，该篮板球称为"防守篮板"。

（3）二次运球

篮球比赛中违例的一种，指运动员在结束运球后，再次开始运球的行为（通常两只手同时接触球、控制球时使球静止不动、运球过程中一次拍球周期中接触球不止一次等行为视作结束运球）。

（4）翻腕

篮球运动中，翻腕是一个常见的术语，指的是持球时手腕翻转的动作。这个动作通常是由于持球时间过长或持球方式不准确所导致的。在比赛中，翻腕是犯规行为之一，因为它违反了篮球的基本规则和公平竞赛精神。

---

[1]沈云激.对高校篮球课教学采用专项化活动性游戏和组合技术的实验研究[J].新校园（上旬刊），2015（6）：82-83.

（5）三分线

在篮球场上画有一个弧线，在篮筐三分线内的投篮得2分，线外的投篮得3分。

（6）三分球

在篮球中，三分球是指在三分线外投篮，成功则获得3分。

（7）篮下进攻

篮下进攻是指在篮下区域进行的进攻行动，通常是低位进攻或者近距离投篮。篮下进攻的目标是通过得分来获得比赛的优势。

（8）篮下防守

篮下防守则是指防守对方篮下进攻的行动，目的是阻止对方得分。在篮下防守方面，球员需要具备出色的位置感和判断能力。他们需要时刻注意对手的动作和意图，以便提前作出反应并阻止对手得分。此外，篮下防守还需要球员具备出色的对抗能力和身体素质，以便在防守过程中保持稳定并给对手施加压力。

2.足球

（1）越位

足球比赛中进攻犯规的一种，是指在进攻方传球球员起脚的瞬间，接球球员站在比对方除守门员外距球门最近球员距离球门更近的地方，并试图借此位置准备进攻[1]的行为。基于越位判罚的机制，在比赛中常见防守方球员故意使进攻方球员产生越位，从而达到阻止进攻方得分的战术。

---

[1] 王佳伟. 新型智能设备SAOT对足球比赛的影响研究——以2022年卡塔尔世界杯为例[J]. 拳击与格斗，2023（5）：56-58.

（2）手球

手球是足球比赛时球碰到运动员上肢造成的犯规，守门员在禁区外上肢接触球也要判犯规（碰到肩膀不算）。禁区内防守方的手球一般要根据情况慎重判罚点球，主要依据是手臂离开躯干的角度与出球点的距离是否来得及反应等来判断主观的故意性和实际的手臂拦截效果。而进攻方的得利一般都必须判罚，视主观故意的情况通常示以黄牌，而比较严重的情况则需给予红牌处罚。

（3）直接任意球

直接任意球也称"一脚球"，是足球比赛的一种罚球方式。当一方队员故意违反足球运动规则的有关条款时即被判罚直接任意球，由对方主罚队员在犯规地点进行处理。可以选择射门，也可以选择传球等战术配合[1]。

（4）间接任意球

间接任意球是在足球比赛中，因某些原因（如对方越位）中断后恢复比赛的一种方式。与直接任意球不同之处在于发球方如果直接将球踢入对方球门不能算作得分[2]，而是判球出底线，由对方发球。

（5）角球

足球比赛中死球后重新开始比赛的一种方法，属于定位球的一种。当球的整体不论在地面或空中越过球门线，而最后触球者为守方队员，且根据计胜规则不是进球得分时，则判罚角球。角球射入对方球门可以直接得分。

（6）球门球

球门球是足球比赛中重新开始比赛的一种方法。球门球应由守方球员在球门区，直接向球场中踢出。球门球一般由守门员开出。

---

[1] 李孟伦，单召，刘志斌. 梅西、C罗直接任意球技术特点对比分析［J］. 当代体育科技，2013，3（35）：150–151.

[2] 刘剑池. 2016年法国欧洲杯足球赛前场定位球进攻特点研究［D］. 沈阳：沈阳师范大学，2018.

（7）射门

射门是指球员用脚将球踢向球门，试图将球打入对方球门。包括劲射（指力量较大的射门）、抽射（指球员用脚背将球抽向球门）、推射（指球员用脚内侧将球推向球门）、头球（指球员用头将球顶向球门）、凌空抽射（指球员在空中未落地时用脚背将球抽向球门）、倒钩射门（指球员用脚尖将球钩向球门）和鱼跃冲顶（指球员在空中鱼跃向前，用头将球顶向球门）等，不同的术语有着不同的特点和用途，球员需要根据实际情况选择合适的射门方式。

（8）铲球

足球铲球是一种利用倒地时脚或腿的伸、扫、蹬、勾等动作进行抢截或控球、传球、射门的技术[1]。它具有快速、突然的特点，通常在来不及用其他方法触及球时采用。铲球有两种方法：一种是用脚掌铲球，另一种是用脚尖或脚背铲球。在铲球时要注意安全，下铲时不要直接对着足球，应该朝球运动方向的提前位置铲去，这样既能够更准确的铲到足球，又能避免伤到其他球员。危险的动作如双脚齐飞、背后铲球等危及对方安全的都是禁止的。

3. 排球

（1）触网

触网是排球比赛中的犯规动作，运动员在比赛过程中有身体的任意部位碰到球网则判对方球队得分。

（2）连击

排球比赛中犯规的一种，一名队员连续两次击球或使球连续接触身体的不同部位将被视为连击犯规（拦网一次和第一次击球时除外）。

（3）持球

排球比赛中身体任何部分均可触球，但球必须被击出，不得接住或抛出，

---

[1] 傅淑旺. 初中足球教学中个人进攻与防守技术训练[J]. 拳击与格斗，2023（11）：106-108.

否则即为持球犯规。判断持球的主要根据是球是否停滞在身体上。合法的击球是一个单一击球反弹动作，而持球犯规是先使球停滞再将球击出。

（4）垫球

排球中的垫球是一项基本技术，主要用于接发球、接扣球、接吊球、接拦回球等，是保证本方进攻的基础。垫球时，需要正确的准备姿势、合理的击球手型、准确的击球动作和合理的击球部位，以及调整手臂与地面的适宜用力角度，才能取得良好的垫球效果[1]。

（5）二传手

排球比赛中的二传手是指专门负责接应一传球，并组织进攻的球员。他们是球队进攻的组织者和协调者，通过准确的传球将球传递给队友，以实现球队的进攻计划。

（6）自由人

排球中的自由人是国际排联于1996年世界女排大奖赛中试行的一项规则，称为自由球员。自由人的功能在于加强防守达到平衡攻守的效果。自由人主要负责防守、接发球和替换后排球员，以及协助拦网。他们通常不参与进攻，但在一些特殊情况下，他们也可以扣杀和拦网。自由人的主要目标是保护本队的发球区和防止对手的强力扣杀。

（7）两次球进攻

这是排球运动的战术之一。指接对方来球时，一传队员直接将球垫或传到网前适当位置，然后前排队员跳起扣杀或轻吊过网。因球在本方半场只经过两次击球就攻到了对方半场，因而称为"两次球进攻"，简称"两次球"或"二次球"。

---

[1] 胡允升.影响中学生学习排球垫球技术的因素及对策[J].课程教育研究，2019（29）：218-219.

4. 乒乓球

（1）搓球

搓球是乒乓球运动中近台还击下旋球的一种技术，其种类较多，根据击球时间、落点和旋转的不同，分快搓、慢搓、转与不转搓球、侧旋搓球等，一般在左半台使用较多。动作要点是球拍在体前，击球时，上臂前伸，拍面稍后仰，利用上臂前伸和旋外的力量，将球拍向前下方送出，在来球的下降期摩擦球的中下部。特点是动作小、弧线低、落点活、旋转变化多等，可以牵制对方的攻势，并为抢攻或抢拉创造机会[1]。

（2）推挡球

推挡球是乒乓球运动中以球拍推击球的一种技术。有挡球、快推、快拨、加力推、减力挡、推下旋、挤推、拱推等。特点是站位近、变化多、速度快、动作小，在相持或防御时使用，能起到调动对方和助攻的作用[2]。

（3）攻球

攻球是乒乓球比赛中争取主动和得分的重要手段，按身体方位可分为正手攻球、反手攻球、直拍反面攻球、侧身攻球；按站位有近台快攻、中台快攻、远台快攻等；按动作有快抽、拉抽、扫抽、扣杀等。特点是种类多、球速快、力量大。

（4）下旋发球

下旋发球是乒乓球运动中发球技术的一种，分加转与不加转。正、反手均可运用。以右手持拍为例，正手发球时，左脚在前，身体略向左偏斜站立，左手向上抛球，右上臂稍外展，前臂内旋并向身体后上方引拍。以前臂和手腕的发力为主。发加转球时，执拍手的上臂带动前臂加速向前下方挥拍，前臂迅速

---

[1] 蒋津君，刘妍虹. 乒乓球运动状态变化的动力学特征及其在搓球和反拉中的应用研究［J］. 哈尔滨体育学院学报，2022，40（6）：31-40.

[2] 李玉春. 中学生乒乓球技术教学浅析［J］. 文体用品与科技，2012（5）：63.

旋内。拍面后仰较大，击球的中下部后向底部摩擦。发不加转球与发加转球的动作基本相同，主要区别是前臂旋内稍慢，拍面后仰角度较小，球拍触球的中下部或中后部有一个向前推送的动作，使挥拍的作用力接近球心，以减小旋转[1]。

（5）高抛发球

高抛发球是乒乓球运动中发球的一种，由中国运动员发明。发球者先将球抛至高空，待下落到一定程度时击球。挥拍时上臂外展的幅度较大，要借助转腰和蹬地的力量。这种发球方式由于抛球高度增加，使球体下落时的重力加速度骤增，具有球速快、旋转强、时间差明显等特点[2]。

（6）正手上旋

乒乓球正手上旋是指在正手击球时，球以一种旋转的方式向对方场地飞去。这种旋转有助于提高球的飞行速度和深度，使球更难以接回。练习正手上旋时要逐渐提高速度和力度，注意动作的协调性和节奏感。同时要不断调整动作和力度，以适应不同的比赛环境和对手情况。

（7）反手切削

反手切削是指以反手握拍，用下旋切削技术使球在落地时产生反旋。

5. 羽毛球

（1）四方球

以高球或吊球准确地将球击到对方场区的四个场角，调动对方前后、左右跑动，打乱其阵脚，在对方来不及回到场区中心位置时或应对回球质量较差的对手时较为有效。它要求运动员具有较强的控制球、进攻能力和快速灵活的步伐[3]。

---

[1] 温国昌.乒乓球教学与训练[M].郑州：河南科学技术出版社，1986.

[2] 张江.浅析乒乓球中的发球技术[J].民营科技，2016（2）：250.

[3] 周小银.如何培养羽毛球战术意识——以初学者为中心[J].金田，2014（3）：424.

（2）吊上网

吊球后，在对方接吊放网前球时，快速上前控制网前，以扑、搓、勾、推等技术连续进攻或创造机会。

（3）杀上网

杀球后迅速向前移动，封住前场，以扑、搓、勾、推等技术连续进攻。

（4）重复球

两次或连续数次攻击对方的一个点位或一个场区，如重复后场、重复网前、重复后场正手等。

（5）扑球

扑球是羽毛球双打中常用的一项进攻技术。当对方发网前球，或回击网前球，或球越过网顶时，弧度较高，即迅速上步在网前举拍扑杀。羽毛球中的扑球是一种重要的技术，它通常用于应对对方发来的网前球或者回击对方发出的中场球。在练习扑球时，要注重细节和技巧，比如，如何判断来球、如何保持身体平衡、如何调整角度等。

（6）高远球

高远球是指用较高的弧线把球击到对方底线附近，以削弱对方的进攻威力，消耗对方的体力。羽毛球中的高远球是一种重要的技术，其特点是球的弧线高、滞空时间长，目的是将球击打到对方场区的底线附近，使对方后退到底线接球。高远球分为正手击高远球、反手击高远球和头顶高远球。

（7）勾球

在羽毛球中，勾球也被称为网前勾对角线，是一种将对方击到自己前场区域的球还击到与自己成对角线位置的对方网前区域内的击球技术。这种技术可以从自己的右前场区域将球勾到对方的右前场区域，也可以从左前场区域将球勾到对方的左前场区域[1]。

（8）接杀球

在羽毛球中，接杀球是转守为攻的打法，要利用对手击球的力量和旋转，通过合适的击球方式进行回击，分为挡网前球、抽后场球和挑高球。通常使用切击、挡击或抽击等技术，可根据实际情况进行调整。重要的是控制球的弧线和角度，使回球能够达到预期的效果。

6. 网球

（1）高吊球

一种过网高度极高的球。其目的是使球飞越过网前对手的头顶而保证得分，通常用于对付发球上网型球员，其中高度极高的高吊球又被称为月亮球。

（2）过网急坠球

又叫放小球，即击球的力量很轻、使球刚好通过球网上方即下坠的打法。其目的是使距离球网很远的球员防备不及。

（3）破发

指接发球选手在对手的发球局中赢下局数分的情况。

（4）大满贯

指于同年内在澳大利亚网球公开赛、法国网球公开赛、温布尔登网球锦标赛、美国网球公开赛这四场最著名的网球比赛中都获胜。

（5）love

在网球中，"love"通常表示零分。当一名球员的得分是0时，计分器上的分数就会显示为"love"。这个表达方式源于法语词汇"l'oeuf"，意思是"鸡

---

[1]蒋湘之.羽毛球教学和训练[M].北京：北京九州出版社，2017.

蛋",因为数字0在法语中发音类似于"l'oeuf"。随着网球运动的发展,这个表达方式逐渐被接受并沿用至今。

(6)月亮球

月亮球是一种在底线抽球之间打出非常高的高吊球,通常是球员用来改变节奏的战术之一。在网球中,月亮球是一种具有特殊性质的球路。它的主要特点是又高又深,并且带有强烈上旋。这种球在红土场地上最为常见,因为红土场地的特性使月亮球能够更好地发挥其效果。

(7)东方式握拍

网球中的东方式握拍是一种强力底线型球员常见的握拍方式,此名称源于美国东岸,分为正手和反手两种握拍法。

(8)第二发球

在网球比赛中,每一分都有两次发球机会。第一次发球被称为"一发",第二次发球被称为"二发"。如果"一发"失误,那么球员可以在原发球位置进行"二发"。"二发"失误会导致球员失去一分。所以,"二发"是球员在"一发"失误后,仍然有机会挽救这一分的发球。

(二)田径类运动项目

1. 田径比赛

(1)径赛

径赛是田径比赛的一类,是在田径场的跑道或规定道路上进行的跑和走的竞赛项目的统称。奥运会设有100米、200米、400米、800米、1500米、5000米、10000米、马拉松、3000米障碍赛、100米栏(女子)、110米栏(男子)、400米栏、10千米竞走(女子)、20千米竞走、50千米竞走(男子)、4×100米接力、4×400米接力和4×400米男女混合接力。竞赛项目以完成规定距离所用的时间来计算成绩,决定名次。

（2）田赛

田赛是田径比赛的一类，是在田径场规定的区域内进行的跳跃及投掷项目竞赛的统称。田赛分为跳和掷，其中跳的项目有跳高、跳远、三级跳远、撑杆跳高等；掷的项目有铅球、铁饼、标枪、链球等。田赛项目以高度或距离来计算成绩，决定名次。

（3）田径全能比赛

田径全能比赛是由多个田径单项组成的比赛项目，分为男子十项全能（包括100米、跳远、铅球、跳高、400米、110米栏、铁饼、撑杆跳高、标枪和1500米跑）和女子七项全能（包括100米栏、跳高、铅球、200米、跳远、标枪和800米），参加全能比赛的选手必须在连续两天之内按顺序完成全部比赛项目，最后根据专门的田径运动全能评分表将选手们在各个单项中取得的成绩所对应的评分相加，总得分多者为胜[1]。

2. 短跑

（1）蹲踞式起跑

正规田径比赛中短跑项目的起跑方式。自1896年雅典奥运会上美国田径运动员托玛斯·伯克用近似"蹲踞式"的起跑方法夺得冠军后开始被广泛采用，现通常与起跑器结合使用。

（2）抢跑

短跑中犯规情况的一种，运动员在发令枪响前作出起跑动作，或发令枪响后起跑反应时低于0.1秒的理论人体反应极限的情况将被判定为抢跑，国际田径联合会（现称"世界田径联合会"）自2010年开始实行抢跑零容忍原则，即某运动员抢跑一次便将取消其比赛资格，而非之前的予以警告。

---

[1] 贺萌.点燃奥运圣火的幸运儿[J].小学生时代，2008（2）：4-7.

（3）踩线

短跑中判罚情况的一种，在短跑的弯道跑过程中，在不阻碍他人或使自身从中获利的前提下，允许运动员踩踏所属分道与内道的分道线一次，踩线超过一次就会被判定为犯规。

3. 中长跑

（1）配速

跑步的速度，通常以每千米用时表示，如10千米跑用时35分钟，则平均配速为3分30秒每千米。

（2）法特莱克跑

是由瑞典教练古斯塔·霍迈尔创立的一种训练方法，原意为速度游戏，其实质是在跑中插入一系列不定时间、不定距离的加速跑、反复跑甚至快速冲刺，使其与慢跑或快走交替进行。在法特莱克跑过程中运动员可以根据自己的状态决定加速和放松的时间和距离。

（3）极点

在进行强度较大、持续时间较长的剧烈运动中，由于运动初始阶段内脏器官的活动不能满足运动器官的需要，练习者常常产生一些如呼吸困难、胸闷、头晕、心率剧增、肌肉酸软无力等特殊的生理反应，甚至出现停止运动的想法，这种机能状态被称为"极点"[1]266。

（4）第二次呼吸

指运动中机体建立新平衡的一种表现，当"极点"出现后，如果依靠意志力或调整运动节奏继续坚持运动，一些不良生理反应便会逐渐减轻或消失，此时练习者的呼吸变得均匀，动作变得轻快有力，能够以较好的机能状态继续运动下去，这种状态称为"第二次呼吸"[1]267。

---

[1]体育院、系教材编审委员会《运动生理学》. 运动生理学［M］. 北京：人民体育出版社，1984：266；267.

4. 跨栏跑

(1) 跨栏步

跨栏步是跨栏跑中过栏技术的动作表现,指从起跨脚踏上起跨点开始到过栏后摆动腿的脚接触地面的过程。

(2) 攻栏

攻栏是跨栏跑中的起跨技术,指从起跨腿的脚踏上起跨点到后蹬结束离地时的整个支撑过程。因其要求快速起跨,形成重心高、髋前移、腰挺直、体前倾的"有进攻性"的姿态而被称为攻栏。

(3) 七步上栏

七步上栏是起跑至第一栏技术的一种,即起跑后第七步落地便起跨攻栏,欧美世界级运动员基本上都在采用。在步频不改变的前提下,七步上栏相比常见的八步上栏可以减少起跑至第一栏的用时,并有利于在跨第一栏时更有进攻性。

(4) 跳栏

跨栏跑中的一种常见错误,通常由起跨点太近、起跨角度过大、心理怕栏、起跨前减速等原因造成。

5. 跳远

(1) 腾空步

指起跳后人体在空中形成的摆动腿以膝关节向前上方充分摆出,起跳腿放松留在身后,两臂分别大幅度前后摆动,躯干与地面垂直的姿态。

(2) 跨步跳

指跳跃项目的一种专门性练习,也是三级跳远中第二跳的名称。

(3) 蹲踞式跳远

是跳远的空中动作中比较容易掌握和学校教学中最常用的一种,其技术要领是人体单脚起跳腾空后，上体保持正直、摆动腿的大腿部分继续向上摆动，留在体后的起跳腿开始屈膝前摆，逐步靠拢摆动腿，逐渐在空中形成蹲踞式，落地前小腿自然前伸[1]。

（4）挺身式跳远

跳远空中动作的一种，其技术要领是完成腾空步后展髋下放摆动腿，起跳腿前带向下放的摆动腿靠拢，手臂随之外展，挺胸送髋使躯干略成反弓形，落地前两臂由上经体前、体侧向后引，同时收腹举腿，小腿前伸。该技术有利于运动员在空中充分舒展身体，加大前旋半径，减缓身体前旋速度，保持身体平衡。

（5）走步式跳远

跳远空中动作的一种，其技术要领是起跳后摆动腿以髋为轴下放后摆，同时起跳腿大腿带动小腿屈膝前摆，在空中完成换步，两臂以伸展大幅度环绕动作的形式同下肢走步动作协调配合，落地前摆动腿继续前摆向起跳腿靠拢。这种技术有利于助跑起跳、蹬伸和摆动各部分技术动作紧密衔接，以及动作自然连贯。

6. 跳高

（1）背越式跳高

现代跳高最先进的技术，因1968年在第19届夏季奥运会上，美国运动员理查德·福斯贝里首次在大型公开比赛中使用而又被称为"福斯贝里式跳高"。其技术表现为前段跑直线，后段跑弧线，用离横杆较远的腿起跳。起跳离地后，保持伸展姿势向上腾起，并在摆动腿及其同侧手臂的带动下，加速身体围绕纵轴旋转，使身体背对横杆；当头、肩越过横杆后，及时仰头、倒肩、展体、挺胸，并稍后收双腿，形成杆上背弓姿势，同时身体重心尽量靠近横杆，以充分利用腾空高度；当身体重心移过横杆后，应加速向上甩腿越过横杆。过杆后以背部落垫[2]。

---

[1]周磊.小学体育蹲踞式跳远教学中的技术分析与训练方法研究[J].体育视野，2023（13）：130-132.

[2]陈文华，巴宁.如何科学开展中小学生跳高教学工作[J].运动，2014（6）：90-91.

（2）跨越式跳高

跨越式跳高是跳高技术中最早采用和最简易的一种，也是初学者练习和学校教学中最常用的一种。其技术表现为从侧面直线助跑，用离杆近的一腿起跳。腾空后，摆动腿先越过横杆后内旋下压，两臂稍后摆，使臀部迅速移过横杆，同时上体前倾并向横杆方向扭转，接着起跳腿高抬外旋，完成过杆动作。过杆后身体侧对横杆，摆动腿先着地。

（3）俯卧式跳高

跳高技术的一种，其技术表现为身体各部位在空中以俯卧姿势依次越过横杆。

7. 铅球

（1）超越器械

在投掷运动中，利用下肢的快速移动使下肢超越上肢，髋轴超越肩轴，把器械留在身体后面的用力动作，称为超越器械。超越器械有助于增加参与最后用力工作的肌肉的初长度，提高肌肉的收缩速度和力量，并延长最后用力阶段的做功距离。良好的超越器械动作应做到下肢在前、上体和器械在支撑点后或远离支撑点，器械所处位置与出手点之间形成较长的工作距离，相关的肌肉群在生理限度内被拉长。

（2）投掷圈

田赛中铅球、铁饼、链球项目的投掷场地，呈圆形。投掷圈内沿直径：推铅球、掷链球为2.135米（±5毫米），掷铁饼为2.50米（±5毫米）。圈外沿一般用铁板或其他合适材料制成，厚6毫米，上端与外部地面齐平，圈内地面低于铁圈上端1.4~2.6厘米。投掷过程中运动员身体和器械均不得触及圈外地面。

（3）落地区

铅球比赛中，所投铅球必须落在由两条延长线通过投掷圈圆心、夹角为34.92°、宽为5厘米的白色角度线所规定的扇形区域内方能判定为成绩有效。

（4）抵趾板

用木料或其他合适材料制成的弧形的铅球场地设备，沿投掷圈边缘安装在两条落地区角度线之间的正中位置并固定于地面上。其宽度为11.2厘米，内沿弧长1.22米（±1厘米），高出圈内地面10厘米（±2毫米）。投掷过程中运动员身体和器械均不得触及抵趾板顶部面。

8. 标枪

（1）起掷弧线

在投掷助跑道两边各画一条宽5厘米的平行直线，两线间距4米，在平行线之间取一点为圆心，以8米为半径向投掷方向画一宽为7厘米的弧线与两平行线内沿相交，此弧线即为起掷弧线。起掷弧线可画出，也可用木料或金属制成，漆成白色，埋入地下，表面与地面平。标枪规则规定运动员必须从起掷弧线前将标枪投出，并保证在投掷过程中身体和标枪的任何部分不得触及起掷弧线及其延长线和线外地面。

（2）限制线

在起掷弧线两端各画一条长75厘米，宽7厘米，与助跑道平行线呈90°的直线，称为限制线，标枪规则规定运动员完成投掷后必须从限制线后退出。

（3）引枪

引枪是标枪投掷的重要技术，是"超越器械"和形成良好的最后用力动作的基础，其目的是使标枪置于合理的受力位置及处于适当的待发状态，并形成良好的人与器械的作用关系。"引枪"技术特征为通过矢状面的向后弧形运动，使投掷臂伸直在肩轴延长线上。动作要求自然、放松、平稳。

（4）投掷步

掷标枪过程中衔接助跑和最后用力的交叉步跑称为投掷步，其目的是在保持并继续加快跑速的前提下，平稳、协调地向后引枪，使身体超越器械并不间断地转入最后用力。投掷步可分为跳跃式、跑步式和混合式三种，通常步数为五步。

（三）水上和冰雪类运动项目

1. 游泳

（1）划水

运用手臂在水中的合理动作产生推进速度的技能，是游泳的重点技术环节。根据不同姿势技术要求，手臂划水动作可归纳为双臂同时对称划水，如蛙泳、蝶泳等；左右两臂轮流替换的重复同一划水动作，如爬泳、仰泳等；两臂不对称地交替重复划水动作，如侧泳、狗爬泳等。

（2）划水路线

指手臂在水中为造成推进力的划水运动轨迹。这种轨迹与手臂划水技术有关。根据物体运动中的力会造成转动的原理，游泳时手臂划水产生最大推进力的动作阶段，手掌和前臂应合理靠近躯干，以减少分力，保持直线游动。

（3）两臂动作配合

指左右手臂在水中划动的连接和协同。上肢带划水技术是产生推进的主要动力，其动作配合的协调性及用力技巧性是获取推进力的关键。

（4）完整动作配合

简称"完整配合"，是游泳运动技术名词。游泳时由腿、臂、呼吸等基本动作组合成的符合规范的、协调的、周期性的技术。它既要求局部基本动作正确合理，更强调整体动作组合的连贯性和节奏性，表现出动作用力与放松的节律交替，达到节省体能、发挥速度、保持匀速游动的效果。

（5）靠肘伸肩

蛙泳划臂前伸技术。伸臂进，强调肩部积极向前伸展，两手并拢，两肘靠近。可调整人体在水中的迎角，提高身体位置，增加划臂动作幅度，也有助于在回臂过程中，减少迎面阻力，提高前进速度。

2. 跳水

（1）动作组别

根据运动员起跳前站立的方向和起跳后身体运动的方向，跳水动作分为以下六个组别：第1组，面对池向前跳水；第2组，面对板（台）向后跳水；第3组，面对池反身跳水；第4组，面对板（台）向内跳水；第5组，转体跳水；第6组，臂立跳水（仅在跳台跳水中采用）。

（2）空中动作姿势

跳水动作的空中姿势可分直体（用"A"表示）、屈体（用"B"表示）、抱膝（用"C"表示）、翻腾兼转体的任意姿势（用"D"表示）四种。

（3）跳水动作代码

每组跳水动作都有自己的号码，以表示动作组别和翻腾转体的周数。第1~4组动作的号码均采用三位数，第一个数代表动作组别；第二个数代表飞身动作（如果第二位数是"0"，则表示没有飞身动作）；第三个数代表翻腾周数（以"1"为半周，"2"为一周，"3"为一周半，以此类推）。例如，"201"，表示第二组动作，向后跳水翻转半周；"305"，表示第三组动作，反身翻腾两周半；"113"，表示向前飞身翻腾一周半。第5组转体动作采用四位数，第一位数表示第5组（特指转体跳水）；第二位数表示翻腾的方向；第三位数表示翻腾周数；第四位数表示转体周数，计算方法同前。例如，"5136"这个动作中，"5"表示第5组转体跳水，"1"表示用第1组向前跳水的方向完成翻腾转体，"3"表示翻腾一周半，"6"表示转体三周。再如，"5337"这个动作，是指第5组转体动作，采用第3组反身跳水方向完成翻腾转体，翻腾一周半，转体三周半。第6组臂立跳水也采用三位数，第一位数表示第6组（特指臂立跳水）；第二位数表示臂立跳水的方向；第三位数表示翻腾周数（计算方法同上）。例如，"614"动作中"6"表示第6组臂立跳水，"1"表示采用第一组向前跳水方向翻腾，"4"表示翻腾两周。再如，"632"，是指第6组的臂立跳水动作，用面对池反身跳水方向翻腾一周[1]。

（4）动作难度系数

国际跳水竞赛规则为每一个跳水动作确定了相应的难度系数，它根据动作组别、竞赛项目（跳板、跳台）、器械高度、动作姿势和翻腾转体的周数等差异来确定其数值。运动员跳水时，动作简单，难度系数就低；动作复杂，难度系数就高。例如，3米板103乙，难度系数为1.6；10米台307丙，难度系数为3.4；对于同一动作，因器械高度不同，难度系数也有区别。例如，同是405丙，1米板的难度系数为3.0，3米板的难度系数为2.7。目前，国际跳水竞赛规则难度表上列出的最高难度动作是：3米板109丙和307丙，以及10米台109丙，难度系数均为3.5。

3. 水上器械类项目

（1）划距

赛艇比赛中每划一桨船艇移动的距离，即比赛全程距离除以该艇所划的桨数。例如，赛艇比赛全程为2000米，某艇共划了250桨，说明其每桨的划距为8米。

（2）拉桨

桨叶入水后，运动员的体重通过腿部用力传递到脚蹬架上，与此同时运动员用各部分肌肉积极拉桨。在整个划桨周期中，拉桨阶段是使赛艇推进的动力阶段，这个阶段要使运动员充分发挥其体能[2]。

（3）回桨

桨叶出水后，运动员两手轻快流畅地把桨柄向前推出。当两臂完全伸直把桨柄推过膝盖后，滑座才起动向前移，同时上体也随之自然前倒至下一桨的

---

[1] 黄东.唱晶、王亮完成技术动作表现的比较与分析［D］.太原：山西大学，2008.

[2] 王春荣.浅析赛艇运动的技术动作［J］.才智，2010（24）：218；325.

预备姿势。由于回桨时较为放松，使运动员每次拉桨前都能得到短暂的体力恢复。因此可以认为回桨与拉桨是放松与用力的交替。

4. 雪上项目

（1）滑降

指从山坡上向山坡下基本直滑行。高山比赛项目，要求运动员从山顶按规定线路穿过用旗插成的门形向下滑行。

（2）登坡

指穿着雪板向山上移动。

（3）犁式刹车

俗称内八字刹车，滑雪者要注意两腿均匀用力，重心向前，膝盖顶住鞋口，上身直立，两板板尾用力，向两侧成内八字姿势，板的用力部位为内刃。

（4）转弯

指从山坡上向山坡下左右来回转换雪板运行方向的滑行。竞技滑雪中称为回转。

5. 冰上项目

（1）危险冲刺

一种犯规行为，指终点冲刺时故意踢出冰刀使冰刀完全脱离冰面或射出身体通过终点线。

（2）阿克塞尔跳

简称A，又叫前外点冰跳，由挪威选手阿克塞尔·保尔森在1882年首次完成而得名。阿克塞尔跳向前起跳、向后落冰，是唯一向前起跳的花样滑冰跳跃动作，由于起跳与落冰方向不同，阿克塞尔跳的空中转体比其他种类的跳跃多出半周，这也使其成为花样滑冰运动的六种跳跃中难度最高的一种。

（四）中华传统体育类项目

1. 武术

（1）八法

是手、眼、身法、步、精神、气、力、功八种方法的总称。具体要求是"拳（手）是流星眼是电；腰（身法）如蛇行步赛钻；精神充沛气宜沉；力要顺达功宜纯"，即练功要求做到手捷快、眼明锐、身灵活、步稳固、精充沛、气下沉、力顺达、功纯青。

（2）四击

拳术中的踢、打、摔、拿四种击法。"踢"指腿法，包括蹬、踹、弹、点、缠、摆、扫、挂等；"打"指拳法，包括冲、撞、挤、靠、崩、劈、挑、砸、撑、搂、拦、採、捯、勾、抄等；"摔"指摔法（旧称跌法），包括掤、巩、揣、滑、倒、爬、拿、捋、勾等。"拿"指擒拿法，包括刁、拿、锁、扣、封、闭、错、截等[1]。

（3）过门

指一方扫腿，另一方向前跳步让过；或一方使用器械抡扫，另一方跳闪避让，致使双方调换防卫的动作。如一方位东，另一方位西。前者扫，后者跳，而成后者位东，前者位西。后者动作，即"过门"。

（4）开门

即散手准备姿势。又称"拉开架子""摆好门户""站好桩口""开手"。拳种不同，开门姿势也略有不同，亦可采取自诱式，或故意露出破绽，麻痹、诱惑对方。

---

[1] 周盈利.地域环境对沧州舞狮文化的影响研究[D].广西：广西师范大学，2022.

（5）外门

较斗中，指对方的手臂外侧。

（6）里门

较斗中，指对方的手臂内侧。

（7）侧门

指人体侧面，包括肩、肋、腰、胯。亦称"边门""偏门"。

（8）正门

指人体正面，包括胸、腹、裆等。

2. 中国式摔跤

（1）捅手

为了使对方身体失去前后平衡，两手揪抓对方把位之后，向前方或斜上方用力捅，然后借对方向前扑身之际，迅速使绊进招摔对方。

（2）拖手

两手揪抓对方把位之后，用力往回拉拖，然后借对方夺臂挺身之际，迅速使绊进招摔对方。

（3）掀

掀是大力抠扒后翅处，主要是甩臂和手把对方掀倒。掀的前奏也需要用猛力盖。与下肢动作配合起来是个完整的绊子。

（4）耘手

为了使对方身体失去平衡，两手揪抓对方把位之后，猛然向侧方一耘横，趁对方身体重心不稳之际或借对方反方向犟劲之际，迅速使绊进招摔对方。

（5）裹手

将对方贴身抱裹。

（6）拽手

一手揪抓对方把位，另一手反抓对方与我方相对之手手腕向下一挽，用力后拽，然后撒开抓腕改抓对方其他把位，使绊进招摔对方。

（7）捌手

横向用力的一种拌劲，用于借力摔。对方抢先抓了把位。以身体的晃动、手臂的挥摆，或配合手的横捯力量，迫使对方松开揪抓的把位，与此同时进招对方或趁势揪抓对方的把位。

（8）散手

为了迅速战胜对方，双方出架一交手，及时揪拿对方的腕部、臂部、颈部或其他把位，快速使绊进招摔对方。散手进招具有手法灵活、不易防备、动作干脆和见效快等优点。

（9）撕手

为了使对方身体失去平衡，配合步法换手揪抓对方的把位，使对方不得反抓。并且在换手抓把当中，用力拉扯对方，趁对方身体重心不稳之际，迅速使绊进招摔对方。

（10）蹬手

对方抢先抓了把位，以手臂的力量及被抓把处身体部位的配合，蹬开对方揪抓的把位，立即进招对方或趁势揪抓对方的把位。

（11）绕手

对方抢先抓了把位，我方及时套手揪抓对方把位，使对方感到抓把别扭甚至失去进攻的可能，或迫使对方松开抓把，趁势进招对方。

（12）借手

对方刚一揪抓把位，立即借用对方的抓把，作为进攻对方的底手或上手，使绊进招摔对方。

（13）引手

又叫诱手。故意放松防守，引诱对方出手揪抓把位，在对方尚未抓把的瞬间，便抢先揪抓对方的把位，及时使绊进招摔对方；或抓了对方把位以后，引诱对方蹬开抓把或套手抓把，当对方刚一蹬手或绕手之际，迅速套手揪抓对方的把位，使绊进招摔对方[1]。

3. 围棋

（1）本手

围棋术语，意为掌握一般分寸的合乎本分之着手。特点就在于这步棋走的时候，功用不明显，但若不走，需要时又无法补救，为了防患于未然，不能只注意眼前的利益，必须舒展、宽裕地下出本手来。

（2）妙手

围棋术语，也称"妙着""妙棋"。指出人意料的精妙下法，如耳赤之妙手、古今无类之妙手皆属于此类。

（3）俗手

围棋术语，指貌似合理，而从全局看通常会受损的下法，大多会在无形中带来无法弥补的损失。

（4）恶手

围棋术语，指很明显的坏棋，往往造成很严重的损失甚至整局的溃败。

---

[1] 郑怀忠.中国式摔跤揣技术动作浅析[J].安徽体育科技，2008（5）：45-46；49.

二、体育文化术语

《义务教育体育与健康课程标准（2022年版）》（以下简称"新课标"）指出体育与健康课程要培养学生的核心素养，包括运动能力、健康行为和体育品德，其中体育品德的养成不仅需要学生在身体活动中感受体育的魅力，还需要从体育发展历程和所诞生的深厚文化中感受体育的价值。另外，当前课程思政和跨学科主题学习的热度甚高，而体育课堂思政和跨学科学习当中重要的一环就是体育文化。所以，尽管体育课堂教学中常用的术语主要是动作术语和规则术语，体育教师仍需了解一定的体育文化术语，以便在教学过程中需要时使用。

（一）体育文化及体育文化术语释义

1. 体育文化

体育文化是指人通过体育活动在改造客观世界、调节自身情感和协调群体关系的过程中所表现出来的时代特征、地域风格和民族样式。广义而言，体育文化是指为丰富人类生活、满足生存需求，以身体为媒介，对满足人类需求的身体活动进行加工、组织和秩序化，形成获得社会承认的、具有独立意义和价值的文化。它包括精神文化（如体育观念、意识、思想、言论等）和行为文化（如体育行为、技术、规范、规则等）两大部分。狭义而言，体育文化是将生产于社会生活的体育作为有价值的活动加以肯定，并赋予一定的知识文化内涵，从而使体育由自然活动变成文化活动。它包括与艺术、宗教、学术、文化娱乐及传播媒介等有关的体育活动和体育作品，如体育舞蹈、艺术体操、武术、体育摄影、体育雕塑、体育建筑、体育音乐、体育文学、体育研究、体育大众传播等[1]。

---

[1]胡炜.陕西体育文化交流传播策略研究[J].新西部，2020（2）：41-42.

2. 体育文化术语

体育文化术语是体育文化产生过程中确定下来的用于指代某些意义和价值的固定名称。

（二）体育文化术语示例

1. 奥林匹克

（1）奥林匹克运动

奥林匹克运动是在奥林匹克主义指导下，以体育运动和四年一度的奥林匹克庆典——奥运会为主要活动内容，促进人的生理、心理和社会道德全面发展，增进各国人民之间的相互了解，在全世界普及奥林匹克主义，维护世界和平的国际社会运动。奥林匹克运动包括以奥林匹克主义为核心的思想体系，以国际奥委会、国际单项体育联合会和各国奥委会为骨干的组织体系和以奥运会为周期的活动体系[1]。

（2）奥林匹克宗旨

奥林匹克宗旨是由奥林匹克运动会的创始人、现代奥林匹克运动的奠基人皮埃尔·德·顾拜旦提出的，主要包含友谊、尊重和卓越三个方面。《奥林匹克宪章》中的"基本原则"部分指出，奥林匹克运动的宗旨是"通过没有任何歧视、具有奥林匹克精神——以友谊、团结和公平精神、互相了解的体育活动来教育青年，从而为建立一个和平的、更加美好的世界作出贡献"[2]。奥林匹克宗旨旨在通过体育运动促进国际友谊、尊重和卓越的理念，倡导奥林匹克运动的核心价值观，成为体育世界的道德准则和榜样。

---

[1] 曹守和，张淑琴，赵玉梅. 中国人认知"奥林匹克运动"的历史[J]. 体育文化导刊，2005（9）：26-29.

[2] 叶芜为，吴磊. 共青团推动奥林匹克运动在中国传播的思考[J]. 体育文化导刊，2005（7）：46-48.

(3)奥林匹克主义

奥林匹克主义是将身、心和精神方面的各种品质均衡地结合起来并使之得到提高的一种人生哲学。它将体育运动与文化和教育融为一体，其所要开创的人生道路是以奋斗中所体验到的乐趣、优秀榜样的教育价值和对一般伦理的基本原则的尊敬为基础的[1]。

(4)奥林匹克精神

奥林匹克精神是奥林匹克运动的核心理念，它包括多个重要的价值观和原则，旨在通过体育促进全球的和平、友谊和尊重。《奥林匹克宪章》指出，奥林匹克精神是一种以相互了解、友谊、团结和公平竞争为核心的价值体系[2]。这一精神不仅在体育竞技中发挥着至关重要的作用，更是对全人类社会发展的积极引导。奥林匹克精神强调超越国界、种族、信仰和文化的差异，通过共同的人性和体育精神来促进全球的和平与友谊。它提倡公平竞争和尊重规则，以实现个人和集体的卓越追求，而非通过不公平手段或强权来获取成功。奥林匹克精神不仅在体育领域具有深远影响，更对人类生活、工作和社交等各个领域产生了积极影响，成为推动人类文明进步的重要力量。

(5)奥林匹克格言

在奥林匹克运动的丰富历史中，有一句独特的口号，它精确地提炼了此全球性运动的精髓："更快、更高、更强——更团结。"这一格言是奥林匹克运动激情与精神的体现，强调运动员挑战自我、突破极限。它提醒运动员，刷新纪录、提高成绩是对更快、更高、更强的追求。此外，它强调"更团结"，鼓励全球运动员在公平竞赛中增进理解、加强友谊，促进文化交流与融合。这一格言在奥运会等赛事中广泛应用，成为激励人们积极进取、突破自我的精神力量。它提醒我们，面对挑战要秉持更快、更高、更强的信念，团结协作，共创美好未来。

---

[1]陈立基.当代奥林匹克运动的发展模式[J].体育科技，2005，26（4）：1-6.

[2]王春江，张学亮.论奥林匹克精神对大学生思想政治教育的价值[J].广西民族师范学院学报，2013（6）：140-142.

2. 体育精神文化

体育精神文化是指在体育运动中形成的一种特殊的精神财富，是体育文化的重要组成部分，它对促进人的身心健康、培养人的意志品质、弘扬爱国主义精神等方面都具有重要的意义。

（1）体育道德规范

体育道德规范作为体育精神文化的重要构成部分，是衡量运动员品格和行为的标准。它不仅涉及尊重规则、尊重对手这些基本准则，还涵盖了公平竞赛、诚实守信等多个方面，是运动员和观众都应遵循的行为规范。

在体育比赛中，尊重规则是体育道德规范的基本要求。运动员必须遵守比赛规则，不得采用不正当的手段获取胜利。例如，在足球比赛中，假摔、越位等行为都是违反规则的，不仅会影响比赛的公平性，也会损害运动员的声誉。只有遵守规则，才能保证比赛的公正性，让每个运动员在公平竞争的环境中展现自己的实力。

尊重对手也是体育道德规范的重要内容。在比赛中，运动员应当表现出对对手的尊重，不论胜负都要保持风度。例如，在拳击比赛中，败方要主动向胜方握手致意，表达对对手技艺的认可和尊重。这种尊重不仅体现运动员的品格，也有助于增进运动员之间的友谊，营造良好的体育氛围。

公平竞赛是体育道德规范的核心原则。在比赛中，运动员应当以正当手段竞争，不得采用欺骗、恶意犯规等行为。例如，在马拉松比赛中，运动员应当按照规定的路线进行比赛，不得抄近路或搭乘交通工具等作弊行为。公平竞赛不仅体现了体育比赛的公正性，也有助于培养运动员的诚信品质和社会责任感。

诚实守信也是体育道德规范的基本要求。在比赛中，运动员应当保持诚实，不得隐瞒或伪造事实。例如，在自行车比赛中，运动员使用兴奋剂等作弊行为是违反体育道德规范的，这不仅影响比赛的公平性，也对运动员的身心健康造成严重损害。诚实守信不仅有助于维护比赛的公正性，也有助于树立运动员的良好形象和社会信誉。

总之，体育道德规范是维护体育比赛公平正义的重要保障，也是提高运动员道德素质和社会责任感的重要途径。通过遵守体育道德规范，运动员可以展现出良好的品格和行为，为观众树立榜样。同时，体育道德规范也有助于推动体育事业的健康发展，让更多的人参与到体育运动中，体验体育运动带来的快乐和收获。

（2）体育价值观念

体育价值观念是人们对体育活动的价值观和信仰，它涉及人们对健康、友谊、荣誉和团队精神的追求。它是人们在体育领域中行动和思考的准则，对个体的成长和社会的发展具有重要的影响。

首先，体育价值观念对于人们的身心健康有很大益处。体育活动不仅能增强人们的体质，提高免疫力，还能缓解压力，增强心理承受能力。在现代社会中，随着生活节奏的加快和工作压力的增大，越来越多的人开始重视体育活动，将其作为保持身心健康的重要方式。因此，体育价值观念的推广和普及对于人们的身心健康有很大的促进作用。

其次，体育价值观念有助于培养人们的团队精神和协作能力。在体育比赛中，团队成员需要相互配合、协作，才能取得胜利。这种团队精神不仅在体育比赛中比较重要，在日常生活和工作中也同样重要。通过参与体育活动，人们可以学会如何与他人合作，如何发挥自己的优势，为团队的成功贡献力量。这种团队精神和协作能力的培养对个人的职业发展和社会的发展都具有重要的意义。

此外，体育价值观念还有助于培养人们的竞争意识和拼搏精神。在体育比赛中，胜利者需要具备强烈的竞争意识和拼搏精神，才能在激烈的比赛中脱颖而出。这种竞争意识和拼搏精神同样适用于日常生活和工作中。通过参与体育比赛和训练，人们可以学会如何面对挑战和压力、如何克服困难和挫折，不断提升自己的能力和水平。这种竞争意识和拼搏精神有助于激发人们的积极性和创造力，促进社会的发展和进步。

总之，体育价值观念是人们在体育领域中行动和思考的准则，对于个体的成长和社会的发展具有重要的影响。它不仅有助于促进人们的身心健康，培养团队精神和协作能力，还有助于培养竞争意识和拼搏精神。

（3）体育传统习俗

中国的体育传统习俗源远流长，种类繁多。以下是一些具体的体育传统习俗。

赛龙舟：中国端午节的重要习俗之一，在中国南方地区尤为普遍。人们通过划龙舟来庆祝节日，同时有些地区将赛龙舟用于祭祀活动。

舞狮：是中国的一种民间艺术表演，通常在节日或庆典期间进行。舞狮者会装扮成狮子的样子，进行各种形态动作的表演，以展示南派武功的阳刚之气。

舞龙：俗称玩龙灯，是中国民族传统民俗文化活动之一。每逢喜庆节日，人们会舞龙，龙跟着绣球做各种动作，展示各种姿势[1]。

打陀螺：一种传统的民俗体育游戏，流传甚广。人们通过用鞭子抽打陀螺使之旋转，并进行各种技巧比赛。

抖空竹：中国传统文化苑中一株灿烂的花朵，也是一种民间游艺活动。人们通过抖动手中的空竹使之旋转并作出各种动作，以技巧和速度取胜。

打毽子：一种传统的民间游戏，人们通过用脚踢毽子使之保持在空中飞行，并进行各种技巧比赛。

此外，我国还有一些传统的体育项目，如武术、太极拳、气功等，这些项目有着悠久的历史和深厚的文化底蕴。这些传统习俗是体育精神文化的重要组成部分，它们通常与当地的历史、文化和民族特点密切相关。

综上所述，体育精神文化是一个广泛而深刻的概念，它涉及人们的生活方式、价值观念、道德规范和文化传统等多个方面。通过了解和弘扬体育精神文化，有助于提高人们的身体素质和心理素质，促进社会的和谐发展。

3. 体育行为文化

作为体育领域中不可或缺的一部分，体育行为文化主要表现为各类体育行为及其参与者的行为规范。这些规范不仅是一种仪式，更深层次地体现了对传统文化的尊重和继承。在体育活动中，参与者通过规范的礼仪形式，向外界传达对传统文化的认同。此外，体育行为文化还包含着体育制度、体育竞赛、体育运动会等层面的文化内涵。这些方面都蕴含着丰富的教育元素，如篮球运动中的比赛规则、规章制度等。这些规则和制度无形中影响参与者和观众，塑造他们的道德品质。

同时，体育行为文化也是校园体育文化建设的核心内容之一。在高校环境中，与学生日常生活最为紧密的是校园体育行为文化。通过举办篮球赛事，可以活跃校园体育氛围，增进人与人之间的情感联系，让更多人了解和热爱篮球

---

[1] 晨光.仓颉故里民俗南乐[J].时代报告，2018（1）：46-48.

运动,从而推动篮球运动的发展,更好地服务于校园体育文化建设中。

(1) 武术中的抱拳礼

武术中的抱拳礼是中国传统文化中的一种礼仪,也是武术精神的重要体现。抱拳礼不仅是敬意和尊重的象征,更是武术修养的体现。行礼时,习武者要并步站立,左手四指并拢伸直成掌,拇指屈扣;右手成拳,左掌心掩贴右拳面,双肘微屈,头正身直,目光平视。抱拳礼的动作要领非常简单,但意义却十分深远。

①德、智、体、美"四育"并重:左掌所指,表达高尚情操。
②勇武与自我约束:右手握拳,象征勇猛;左手托住右拳,代表道德准则。
③团结与求知:左掌和右拳相抱,表达文武兼修、谦虚求知。
④崇尚武德与友好交往:左掌掩拳,体现友好态度。
⑤天下武林和谐统一:两臂屈圆,表达团结和谐。
⑥儒家"和"的思想:大拇指内扣,体现尊重与虚心请教。

在武术中,抱拳礼是一种非常基础的礼仪,但它是武术精神的重要组成部分。通过抱拳礼,习武者可以培养自己的谦虚、恭敬、克制和尊重他人的品质,这些品质也是一个人在日常生活中应该具备的。因此,抱拳礼不仅是一种礼仪形式,更是一种精神风貌和道德修养的体现。

(2) 舞龙舞狮的竞赛礼仪

在舞龙舞狮的竞赛中,礼仪也是非常重要的一部分。首先,参赛队伍要尊重比赛规则和裁判的判决,不得有任何违规行为。其次,在比赛前,参赛队伍要向观众和对手致意,表示自己的友好和尊重;在比赛中,参赛队伍要保持冷静和专注,不得有任何干扰对手的行为;在比赛后,参赛队伍要向观众和对手致谢,表示自己的感激和谦虚。最后,在比赛过程中,参赛队员要注意个人行为和形象,不得有任何不雅或不当的行为。这些礼仪不仅是一种仪式,更是一种道德教育的过程。

综上所述,体育行为文化是一种非常丰富和多元的文化形式,它不仅涉及各种体育活动和竞赛,更涉及人们的生活方式和价值观。通过参与体育活动和竞赛,可以培养身体素质和道德品质,提高社会适应能力。同时,体育行为文化也可以促进社会的和谐发展,增强人们的凝聚力和向心力。

本章小结

　　本章所述的体育课堂教学术语指体育课教学中常用的、用以表示固定概念,并与其他概念相区别的词语,其以体操术语为基础,以体育课堂活动实践为来源,在体育课堂教学工作中起着支撑作用的教学用语,推进课堂语言专业化、规范化,帮助提高课堂教学效果的重要作用。通过使用统一术语进行教学可以帮助我们准确表达相关概念,使学生更好地理解和掌握体育知识,减少沟通误差,提升教学效率。因此,作为体育教师,我们必须能够熟练掌握体育课堂教学术语并了解如何在教学中使用这些术语。与此同时,因为了解各项运动的专业术语可以帮助我们在教学中准确引导学生进行训练,提高他们对运动项目的理解和在所学运动项目中的运动能力,而了解体育文化相关术语则可以帮助我们更好地传递体育精神和价值观,培养学生的体育文化素养,促进学生体育品德的养成。所以为更好地开展专项运动技能教学、跨学科主题学习和课程思政工作,还要尽可能多地了解各运动项目术语和体育文化相关术语。

　　希望广大体育教师和体育教育专业学生重视使用术语的意义,不断督促自己学习巩固体育课堂教学术语,要求自己在课堂教学中使用术语,共创科学的、规范的、专业的体育课堂。

思考题

1. 什么是体育术语?体育术语和体育学名词的区别是什么?
2. 为什么说体操术语是最基本的体育术语?
3. 在体育课堂中术语的使用有哪些原则?请依次举例说明。
4. 能否试用术语方法记写你所擅长的运动项目中一项技术动作的完成方法?
5. 请说出我国体育文化的术语。

第三章
体育课堂中队列队形的基本规范

队列队形是中小学体育教学大纲中规定的必修内容，通过队列队形练习，不仅使学生掌握一定的队列队形知识和技能，也有助于培养学生的纪律性和团结协作能力，是学校对学生进行身心健康教育的重要手段。无论是体育课的开始部分、准备部分、基本部分和结束部分，还是在课间操、课外体育活动、学校集会中都离不开队列队形的组织和变化。所以，队列队形是衔接体育课各个环节的纽带，是提高体育教学质量的基础，也是对学生进行作风培养、思想教育的重要途径。通过本章内容的学习，了解体育课堂中队列队形的内容分类、教学方法、教学要求、教法提示与指挥，掌握队列队形练习的口令和基本术语，为创新队列队形提供思路和方法建议[1]。

第一节 体育课堂中队列队形的概述

一、队列队形的内容

队列队形练习既是学校体育教学中的主要内容，又是教学所需要掌握的基本技能。队列是在一定队形下协调统一的行动，队形是为协同动作采取的队伍排列形式。队列要在一定的队形下进行，队形又必须以队列为基础。队列练习是指单人（集体）在一定队形下协同一致地执行某种口令的行动。队列练习是

---

[1] 聂欢密.新课标下体育院校体教专业体操普修课程改革研究[J].湖北体育科技，2012，31（3）：354-356；340.

在教师的统一指挥下，学生整齐划一，协同一致地完成队列条令的统一规定动作。队形练习是指在队列练习的基础上所进行的队形变换。

二、队列队形的分类

队列练习主要可以划分为两大类，一类是原地动作，另一类是行进间动作。原地动作包括稍息、立正、报数、起立、蹲下、向左转、向右转、向后转等一系列动作，让学生能够在原地运动的过程中，加强自己的肢体协调能力；行进间动作包括齐步走、正步走、跑步走、跑步向右转、齐步跑步向左转等[1]（表3-1）。

表3-1 队列队形练习内容分类表

队列练习	原地队列动作	常用动作	立正、稍息、看齐、报数、集合、解散、蹲下、坐下、起立
		转法	正方向转法、向左转、向右转、向后转；半面转法：半面向左转、半面向右转
		队列变换	一列横队变二列横队及其还原；一列横队变三列横队及其还原；二列横队变三列横队及其还原；一列横队变二路纵队及其还原；一路纵队变二路纵队及其还原；一路纵队变三路纵队及其还原
	行进间队列动作	步法	齐步走与立定、跑步走与立定、正步走与立定、踏步与立定、移步
		步法变换	踏步变齐步走、齐步走变跑步走、跑步走变齐步走、齐步走变正步走

---

[1] 胡新高.队列队形练习在体育课堂教学中有效应用的研究[J].知识文库，2021（16）：178-180.

(续表)

队列练习	行进间队列动作	行进间转法	行进间向左转走、行进间向左转跑、行进间向右转走、行进间向右转跑、行进间向后转走、行进间向后转跑
		转弯	横队左右转弯走、横队左右后转弯走、纵队左右转弯走、纵队左右后转弯走
队形练习	图形前进	直线	绕场行进、错肩行进、一路隔一路错肩行进
		斜线	对角线行进、交叉行进、三角形行进
		曲线	圆形行进、蛇形行进、绕"8"字行进、开口螺旋形行进、闭口螺旋形行进
	队形变换	变队	裂队走、并队走、分队走、合队走、一路纵队变多路纵队及其还原
	集合离散	散开与靠拢	指定间隔的散开与靠拢、梯形散开与靠拢、弧形散开与靠拢

队列队形训练是体育教学的基本内容之一，通过队列队形练习，可以加强热爱祖国、保卫祖国的爱国主义教育，培养学生养成严格服从命令、遵守纪律的好习惯；增强集体荣誉感，培养学生吃苦耐劳的顽强意志；形成正确的身体姿势，促进其生长发育，培养学生朝气蓬勃的精神面貌；通过教学增强学生的节奏感、韵律感，提高其审美情趣和创造美的能力；在教与学的过程中，加强了解，建立感情，增进友谊，培养学生团结协作的能力；通过教师评教评学，培养学生发现问题、分析问题和解决问题，以及组织指挥的能力，从而发展智力；丰富多彩的队列队形练习可培养学生的创新思维，调动学生学习的积极性。

因此，一个合格的体育教师，必须学习和掌握有关队列队形练习的基本内容和技能，并善于在教学中合理地运用，不断增强教学训练的效果[1]。

---

[1] 次仁吉.试论教师在体育课组织教学中的重要作用[J].西藏体育，2006（1）：42-43.

第二节 体育课堂中队列队形变换的基本规范

一、体育课堂队列队形教学方法

（一）直观法

直观法是指在教学中，教师通过具体动作的示范或演示直观教具等手段，把动作的过程展示出来，使学生用视觉及各种感官去感知所学动作的外部表象、要领，从而建立完整的动作概念。该类教学方法结合必要的讲解与分析，同时促进学生进行积极的思维活动[1]，是教师体育教学中的首选方法。

1. 示范的种类

（1）完整示范与分解示范

对所学的单个队列队形动作、联合动作从头至尾进行示范，使练习者对动作的整体有所了解，形成完整生动的动作表象称为完整示范[2]，一般在教新动作时采用。分解示范是指在教学的不同阶段，根据教学任务的需要，把完整动作或联合动作分成不同的部分或环节进行示范。

（2）正误对比示范

指对同一个动作进行正确动作与错误动作相对照的示范。它能向学生指明哪些动作是对的，哪些动作是错的，可以及时纠正学生错误技术动作，完成所学的动作或提高动作质量。

---

[1] 焦先剑.基本体操教学及其教学方法研究[J].考试周刊，2010（53）：144-145.
[2] 陈培风.关于体操动作教学方法分类问题的探讨[J].沈阳体育学院学报，1983（1）：25-29.

(3)重点示范和慢速示范

重点示范是指对动作的关键或难点部分，突出于其他部分进行示范，从而加强学生对该部分的注意和理解。慢速示范是指延缓动作的时间特征，放慢动作的速度和过程，使学生看清动作及其内在联系，以利于对动作的观察和理解[1]。

(4)领做

指学生练习与教师示范同步进行，多用于徒手动作。

教师，尤其是中青年教师，应具备对各种动作示范的过硬本领，独立完成示范动作，并且要做到准确、熟练、轻松、流畅、优美及稳定，这样才能对学生产生良好的心理影响，提高学生学练的积极性。教师有时也可请他人示范，但要求示范者技术动作正确、姿态标准，还应及时正确讲解与评价示范动作的情况。

2. 示范的要素

(1)示范时机

一般是初学动作时做完整示范、做重点示范、正误对比示范或分解示范、慢速示范。

具体地讲，在教学的初步阶段，示范的动作要求技术上的正确与姿态上的规范，使学生有效建立正确的动作表象，对运动动作的学习产生直接、有效的影响，最终促进运动技能的形成。动作的幅度不应过大，应适合学生的能力水平，否则影响动作的学习。在改进教学、提高动作质量阶段，可根据学生练习的情况，分别采取分解、重点、慢速、正误等示范方法，让学生的注意力指向动作的个别部分，并引导学生改进部分动作的技术错误和不足，从而达到较完善地完成动作的目的。在巩固掌握动作阶段，可进行高质量、高水平和较大幅度的动作示范，以对学生提出更高的要求，巩固和完善动作技术[2]。

---

[1] 吕春辉.健美操动作的教学方法[J].经营管理者，2015（9）：386.

[2] 赵彩红.体育教育专业艺术体操专修生教学能力指标体系的构建与评价[D].武汉：武汉体育学院，2006：27.

(2) 示范方向

示范动作的方向应当依据学生站队观察的队形位置、练习内容而定，原则是让学生看清动作的全部表象和主要技术。不同的练习，示范方向也不相同。由于动作的多样性，因此动作示范更要注意"示范面"的问题。示范面是指学生观察示范的视角，也包括示范的速度和距离等要素。示范面有正面、背面、侧面和镜面。一般来讲，前后运动的动作，应采用侧面示范；左右方向的动作，常采用正面示范或背面示范。

①正面示范：教师与学生相对站立所进行的示范是正面示范，正面示范有利于展示教师正面动作的要领，如球类运动的持球动作多用正面示范。

②背面示范：教师背向学生站立所进行的示范是背面示范，背面示范有利于展示教师背面动作或左右移动的动作，以及动作的方向、路线变化等较为复杂的动作，以利于教师领做和学生模仿，如武术的套路教学就常采用背面示范。

③侧面示范：教师侧向学生站立所进行的示范是侧面示范，侧面示范有利于展示动作的侧面和按前后方向完成的动作，如跑步中的摆臂动作和腿的后蹬动作。

④镜面示范：教师面向学生站立进行的与同学同方向的示范是镜面示范，镜面示范的特点是学生和教师的动作两两对应，适用于简单动作的教学，便于教师领做和学生模仿。例如，做徒手操，开始时学生完成动作是左脚左移半步成开立，教师的示范动作与学生的动作相对应，则是右脚右移半步成开立[1]。

(3) 示范的距离

示范的距离应根据示范的目的而定。大致来说，示范距离在3~5米，学生能够看清完整动作为宜。

(4) 示范质量

示范动作应根据不同阶段的教学要求，准确、流畅、优美、轻松、稳定、有节奏地完成动作示范。不仅使学生直接地感知动作，而且能激发学生学习动作的兴趣和积极性。

---

[1] 赵东霞. 体育教学中如何运用示范动作[J]. 湖北成人教育学院学报，2012，18（3）：149.

3. 动作示范的运用

这是队列队形中最重要、最基本的一种直观教学手段。它是通过教师或学生，在教学的不同阶段展示正确、规范、适当的动作，使学生直接感知动作的全貌，了解动作的形式、结构、要领和方法。因此，动作示范的质量和效果对学生的影响很大。高质量的示范动作，不仅能促进学生加快掌握动作技术，还能激发学生的积极性。反之，则既损坏了动作形象，又影响了学生的学习情绪。因此，教师应重视每个动作的高质量示范[1]。

4. 教具模型与图解、照片的运用

在进行完整动作示范后，教师可自制或收集有关动作的图解。通过这些直观教学的方法，可以产生动作示范所达不到的效果。图解与连续动作的照片能显示动作各个部分的主要技术，对学生感知动作的主要技术、加深对动作的理解起很大的积极作用。同时，再配合适当的讲解，教学效果会更好。

5. 现场参观和电化教学的运用

教师可组织学生现场参观教学、训练、比赛及表演，通过接触实际事物加深对队列队形教学内容的理解和培养队列队形的规范意识。为了使现场参观达到较好的效果，教师应先提出和明确学生参观的重点和要求，以增强学生参观的自觉性和积极性。当然，随着多媒体技术在体育教学中的应用，在不能现场参观的情况下，可利用播放电视录像的方式，让学生观看队列队形练习的视频，以达到类似现场参观的效果。

6. 标志物或限制物的运用

使用标志物，也是直观教学的一种。根据动作的需要，教师在学生练习场地中需要变换方向或动作转换的位置放置标志物或限制物，引导、指示或限制学生在该位置做出相应的动作。同时，标志物和限制物还能引起学生练习的兴趣，激发练习的积极性，进而加速掌握动作技术、提高完成动作质量。

---

[1] 赵彩红.体育教育专业艺术体操专修生教学能力指标体系的构建与评价[D].武汉：武汉体育学院，2006：26.

（二）语言法

语言法是运用第二信号系统的条件联系，通过语言传授知识，指导学生掌握动作技术、技能和练习的一种教学方法。语言法作用于学生的听觉器官，能使学生进一步理解动作技术及要点，启发学生积极思维，培养分析问题和解决问题的能力[1]，加速掌握队列队形的学习。

1. 语言法的教学手段

（1）陈述

教师向学生宣布课程的任务时，语言要简明扼要，语气要亲切，表达要生动形象，口齿清晰，力求在最短的时间内收获最大的讲解效果。为此，教师要熟练地掌握术语，有时也可以自编口诀，方便学生记忆，利于学生正确地理解和掌握所学动作要领。

（2）讲解

讲解要精练扼要，它是体育教学中运用语言法的一种主要形式，是教师向学生阐明动作名称、过程、技术要领及教法等问题，对学生解说动作技术关键，使学生形成正确、清晰的动作概念的一种教学手段。讲解要启发学生的思维，使学生看、听、想、练有机地结合到一起，引导学生积极思考，并且要注意讲解的时机，学生在学练时，一般不进行讲解，必要时可做一些简短的提示。

（3）提示

提示是教师在体育教学中，用简短的词语对学生练习的动作强化正确部分，纠正错误动作技术。提示要有明确的指向性，精准定位学生错误的原因。

（4）提问

教师在体育教学过程中常用提问的方式传授知识、理论或技术，启发学生

---

[1] 徐艳明.教育心理学视域中的常规舞蹈教学方法原理分析[J].明日风尚，2019（13）：2.

的思维，培养、锻炼学生的口头表达能力。

（5）口令、指示

口令是教师指挥学生统一行动的口头信息。在调动队伍的行、止和队列队形变化时会使用队列口令。在统一队伍的步伐和行动，以及指挥完成动作的速率、强弱、节奏时会使用节拍口令[1]。

（6）口令评定

教师对学生完成动作的质量进行的口头评价。

2. 语言法的运用

在队列队形教学中，应以学生多练习为主，教师的讲话环境比一般教室更困难和多变，因此对体育教学的语言法提出了更高的要求。

（1）精讲

教师讲解动作要简明扼要，突出重点和关键，揭示动作结构的内部联系。对于技术动作的讲解，可根据不同的教学阶段分别讲明。在开始阶段可进行概括性的重点讲解，对技术要领可进行层次分明、主次交替的讲解，随后可进行补充性或提示性讲解，纠正错误动作或提出更高要求，也可把技术重点合理地编成口诀进行讲解，便于学生记忆和加深印象。

（2）生动

教师的讲解既要正确使用专业术语，又要力求生动形象、通俗易懂，使语言形象化。这样能有效地建立中枢神经和运动器官之间的联系，在大脑皮质形成所学动作的表象，使学生能按技术要求完成动作。

（3）及时反馈

教师要简短明了地评定或指出学生练习动作的优、缺点。这样学生能及时得到鼓励或改正不足，提高练习的积极性，加速动作的完成。特别是低年级学

---

[1] 陈培风. 关于体操动作教学方法分类问题的探讨[J]. 沈阳体育学院学报，1983（1）：25-29.

生，大脑皮质建立联系快，同时消失也快，需多次强化神经联系，任课教师要及时对学生的练习情况给予科学合理的教学反馈。

（4）针对性

运动技能的形成既是一个复杂的神经过程，又是复杂的学习过程。一般地，运动技能的形成总是要经历由不会到会、由不熟练到熟练的连续变化过程。通常将运动技能形成的过程人为地划分为泛化、分化、巩固三个相互联系的阶段，而把运动技能的发展阶段称为动作自动化阶段[1]。教师在教学的不同阶段，针对不同的学生，语言应有所不同，要做到有的放失。教学初期，运用语言概括，重点突出。在之后的教学阶段，可对学生的关键技术进行分析或纠正。对于低龄学生，教师语言要力求深入浅出，而对于文化、技术水平较高的学生，则尽可能地使用专业术语。

（三）完整法和分解法

1. 完整法

教师把单个动作或简单的动作从动作开始到结束，不分部分和阶段完整地进行教学，即完整法[2]。此法多用于较简单的队列队形动作或可在简化条件下完整地完成的某些较复杂的动作。其优点是可以使学生对所学的动作建立完整的概念，这样既省时省力，又有助于提高教学质量。它的缺点是不易学习较难的队列队形变换，对成串动作各动作之间的连接往往难以掌握。

2. 分解法

教师把单个动作分成几个部分，或把联合动作分成单个动作进行教学即是分解法。其优点是可以简化所学动作的难度，集中精力掌握单个动作的某些复杂环节，有利于较快掌握动作。它的不足是单个动作技术结构容易被破坏[3]。

---

[1] 濮梅，傅晓冬."SL"模式在初中足球课堂小班化教学中的运用[J]. 基础教育研究，2016（12）：29-31.

[2] 何红俊. 体操技术的教法探讨[J]. 贵州体育科技，1996（2）：17-20.

[3] 田桂菊. 高校体育舞蹈教学改革之研究[J]. 搏击（武术科学），2005，2（12）：71-73.

分解法一般可分为横向分解法、纵向分解法和压缩法等。教师应根据不同的动作技术结构和特点，采用合适的分解法。

（1）横向分解法

该方法是指把所学动作按时间界限合理地横向分开，分解为在时间上互相衔接的几个部分，并分别加以掌握，然后再把它们合成为一个完整动作的教学方法。

第一种：把一个动作按其不同的技术分解为单个部分，先分别掌握，最后将动作各部分组合，完整练习。

第二种：把所学动作分成几个部分，先学第一部分，再将其与第二部分连接起来，然后再连接第三部分，直到完成整个动作。

第三种：将动作分成几个段落分别掌握，最后把各段落合成一个完整动作。

运用时应注意的事项：

第一，教师应对所学动作技术结构进行深入正确的分析后再决定采用哪种分解法教学。

第二，在单个动作的技术中，有的技术部分衔接点较弱，这时可以把动作分解；有的技术部分紧密连接，这时就不能把动作分解练习[1]。

第三，某些动作的分解练习不应时间太长、次数太多，避免分解的动作形成较强的动力定型，以至完整练习时动作技术不连贯。

（2）纵向分解法

该方法是指在学习较复杂的动作时，并非沿横向把完整动作分解，而是在保证各动作连贯完整的情况下，把完整动作的各种运动形式的动作因素分离出来进行分解练习，然后再综合为完整动作的教学法。

（3）压缩法

该方法是指在学习一个完整动作时，先选择一些结构与技术相似、但比完整动作技术稍简单的动作进行练习，最后学习完整动作。

---

[1] 陈海峰.体操动作技术分解教学探究［J］.科技信息，2012（6）：330；333.

（4）分割法

在同时运用横向分解法和纵向分解法时，可从完整动作中分割出某一技术练习，即分割法。

3. 完整法与分解法的比较

完整法和分解法是体育教学中最常采用、最主要的方法。一般地说，动作比较简单，而且动作技术并不复杂，可运用完整法；反之，动作有一定难度，或动作各部分之间相关性较小，适合用分解法。有时，也可以采取分解法的变化形式，即某些部分分解练习，而某些部分完整练习；有时，还可以对某一动作交替运用完整法和分解法。因为二者是紧密联系和互相渗透的，常常是根据动作的技术特点和学生的水平及练习过程中完成情况，酌情、灵活、恰当地采用分解法或完整法。另外，还取决于教师的教学水平和经验，以及对动作技术的理解与认识。

（四）形象思维法

传统的体育动作教学，一般采用示范讲解、组织练习、观察指导、纠正错误的形式进行。通过示范使学生在头脑中形成动作表象，通过讲解使学生建立动作概念，通过组织练习、指导和纠正错误使学生体会动作方法，进而完成动作。形成动作表象和建立动作概念是学生学习动作技术的先决条件，在此基础上反复练习则是学生掌握动作技术的必要过程。

如何使学生尽快地形成动作表象，建立正确的动作概念，在练习中以合理的动作技术完成符合规格要求的动作，一直是体育动作教学中的核心问题。在示范、讲解及指导学生练习的过程中，启发学生进行形象思维是解决这一问题的有效方法[1]。

1. 形象想象与动作表象的形成

形象想象是指人们对原有感性形象在头脑中进行重组而创造出新形象的思

---

[1] 杜吉香.浅谈形象思维在体育教学中运用［J］.哈尔滨体育学院学报，1998（1）：41-42；44.

维过程。人们的大脑在日常生活中对许多事物都有感性形象，而某些体育动作的外在表现往往又和其他事物形象有相似之处。利用人们在对其他事物的已有的知觉基础上的感性形象帮助学生感知体育动作的外在表现，把新建感觉基础上的体育动作感性形象与头脑中已有的相类似的知觉基础上的其他事物感性形象相结合进行形象想象，能有效地帮助学生较快地建立起正确的、有知觉意义的体育动作表象[1]58。

2. 形象类比与动作概念的建立

形象类比是将某些属性相同的两个形象进行比较的思维形式。启发学生进行形象类比，可充分利用学生头脑中对已有的某些形象的全面理解帮助学生对所学体育动作的过程进行全面的理解。

3. 形象比较与错误动作的纠正

形象比较是指通过对同类或异类形象进行对比，找出同类形象的不同点或异类形象的相同点的思维方式。在体育教学中，运用同类形象比较可帮助学生区分正误动作概念，从而改正错误动作概念，形成正确的动作概念。

在体育教学中，根据动作的结构和教学需要，启发学生进行相关的形象思维，是促进学生形成动作表象、理解动作概念、改进动作技术的有效方法，对发展学生思维能力及提高动作教学效率有良好影响[1]59。

（五）练习法

练习法是体育教学中最基本、最主要的一个方法，是在教师的指导下，根据教学任务，有目的地反复练习单个动作、联合动作或整套动作的方法。实际上，练习法都是结合分解法和完整法进行的，学生对每一个动作，或对每一个动作的部分技术，都是采用练习法掌握的。通过练习，直接作用于学生的本体感受器，使机体的工作能力逐步达到动作技术要求，从而形成条件反射，更好地完成动作[2]。常用的练习法有以下几种。

---

[1]鲍海涛，郝庆威.形象思维在体操动作教学中运用[J].沈阳体育学院学报，1997（2）：58；59.

[2]陈培凤.关于体操动作教学方法分类问题的探讨[J].沈阳体育学院学报，1983（1）：25-29.

1. 重复练习法

重复练习法是指在相对固定的条件下，不改变动作结构和运动负荷，按动作要领反复练习的一种方法。这种方法在练习单个动作和成套动作时都可以运用，它对掌握和巩固动作技术、保持和提高机体工作能力、发展专项身体素质都具有重要作用。

在运用重复练习法时，要防止错误动作和技术的重复，因为错误动作和技术一旦定型就很难纠正。因此，也把重复练习法称为规范练习法。

重复练习法又可分为连续重复练习法和间歇重复练习法。

（1）连续重复练习法

是指练习之间没有间歇，要连续不断地重复练习。它常用来巩固和提高基本技术、基本技能和发展专项耐力素质。

（2）间歇重复练习法

是指练习过程中有相对固定的间歇时间，断续地进行重复练习。每个学生轮流重复练习该动作，间歇时间的长短取决于动作的难度、教学任务及学生的具体水平。

运用重复练习法时应注意下列问题：①练习组的人数要适当，人数过多或过少都会影响练习效果。②要合理控制练习的强度、密度、重复次数和间歇时间。在新动作的练习中，强度不要过大，以免影响掌握正确技术；在教材内容难度不大、学生的体力和情绪较好的情况下，练习次数应多些，间歇时间可短些。③重复练习法的运用要有明确的针对性。在教学的初步阶段，此法的主要目的是使学生反复体会动作要领和建立正确的动作概念；在深入学习和巩固完善动作技术阶段，其主要目的是进一步提高动作质量，形成正确牢固的动力定型。

2. 变换练习法

变换练习法是指在外界条件不断变化的情况下反复进行练习的方法。运用此法，能使复杂的内容和组织以及练习手段变得灵活多样、生动活泼。有利于提高学生的视觉、触觉和本体感觉之间的联系，有助于调节心理过程，激发学生的练习兴趣和学习积极性，提高运动技巧的准确性、稳定性和灵活性，使学生在变化的环境中能更好地掌握和巩固动作，提高动作质量。

（六）竞赛法

竞赛法是指在体育教学训练中对学生完成的单个动作或成套动作进行评分，在近似比赛的条件下进行练习的一种方法，这种方法在教学实践中具有重要的意义。

第一，有利于调动学生的学习积极性。因为竞赛法具有竞争因素和竞争情节，能激发学生的上进心和求胜欲望，在教学中合理运用此法，能有效地提升学生的荣誉感，提高其所学动作完成的质量。

第二，竞赛和竞争能提高学生的兴奋性，使学生注意力高度集中，学生练习的态度更加认真，其身心的紧张程度超过了平时教学条件下的练习。为了取胜，他们会认真地完成每一个动作的细节，完善动作，力求完美。

第三，有利于对学生进行思想品德教育。在竞赛的过程中，学生的心理特征和意志品质能充分体现出来，此时教师可以进行有针对性的心理指导和意志品质教育，促进学生身心的全面发展。

二、体育课堂中队列队形练习的教学要求

（一）根据课程内容选择队列队形

队形的安排要有利于教师讲解、示范、巡回指导和观察全局。在教学中教师发挥主导作用，主要是通过讲解、示范、观察和指导来体现的，因此队形的选择必须要做到让学生看得清楚，听得明白，并且教师能够根据学生的表情和行动及时得到反馈。例如在体操的垫上技巧教学时，可以让学生在垫子两侧跨立，这样便于进出队伍练习，也便于观察。但如果在武术教学中，就应少用这种相向的队形，因为武术的特点之一是方向性强，如果采用二列相向队形练习，学生动作方向相反，相互间干扰，会影响教学效果。且班级人数、场地大小、器材多少都不相同，队形的选择要利于教师的观察、指导和调控，也要利

于纠正错误动作。所以，教师要因地制宜，合理地选择最佳队形，以便充分利用现有的器械，增大练习的密度，达到练习效果。

（二）对教师指挥时的要求

①教师应姿态端正、精神振作、严肃认真、以身作则。

②做好学生的思想教育工作。练习时要严格训练、严格要求，认真维护队列纪律。

③指挥位置应便于指挥和通视全体。原地队形练习时的指挥位置，应站在队列的中央正前的适当位置，与两翼呈等腰三角形。行进间练习时，纵队在左侧方，横队和并列纵队在队列的左侧前方，必要时可在右侧前方。变换指挥位置时通常用跑步，到达预定位置后立定，成立正姿势转向学生后再下达口令。

④口令要准确、清楚、洪亮。预令要稍长，以全体学生能听清楚为前提；动令要短促而有力。行进间，动令一般落在右脚；向左转走时，动令落在左脚。

⑤正确运用教法。采用边讲解边示范的方法进行教学，讲解要简明扼要、生动形象、突出重点、抓住难点。示范动作要准确，一般先完整示范，后分解示范。操练时，一般先做分解练习，后做完整练习。

（三）对学生操练时的要求

①一切行动听指挥，坚决执行命令，自觉遵守队列纪律。

②严肃认真，精神振奋，姿态端正。

③动作要准确、迅速、协调一致，保持整齐的队列。

④思想集中，刻苦训练，正确掌握动作要领，努力完成训练任务。

⑤团结友爱，互帮互学，关心集体，反对自由主义。

⑥将学到的队列和作风，自觉地贯穿于日常的学习、生活和工作中，做到学用结合、学以致用。

⑦出入队列要先喊报告，经允许后方可出入队列，不准自由行动。出列用正步，入列用跑步。整队后，迟到的学生应先喊"报告"，经允许后自觉跑步至排尾，不得在队中插入，以免影响全队。

（四）队列队形的教学注意事项

①在队列队形练习中，教师必须熟练地掌握教材，并根据学生年龄、性别等特点充分备课，做好课前准备工作（如做好挂图、画好场地标志），教学中还要做到教养结合、严格要求、持之以恒，不断总结经验，改进教学方法，调动学生的积极性。只有这样才能达到逐步培养、提高学生的组织纪律性和促进学生身体全面发展，养成正确姿势的目的[1]。

②要求学生一切行动听指挥，自觉遵守纪律，精神振奋，动作认真，姿态端正，动作迅速、准确、协调一致[2]。学生在校期间，在教师的指导下，要严格要求自己，自觉地、认真地学习口令指挥，在正确掌握队列队形练习的同时，学会组织教学的方法，并能够举一反三。这是未来体育教师必须掌握的一项基本功。

③培养学生指挥队列队形变化的能力。要进一步提高学生对队列队形练习重要性的认识，使学生明确掌握这些练习的重要意义。队列队形练习不仅是体育教师必须练好的基本功之一，也是培养学生正确姿势、促进身体健康、进行全面素质教育的重要手段之一。在每次组织教学中要安排学生轮流担任整队、分组带领队伍工作，从而培养学生的指挥能力。教学中凡运用到的队列队形变化动作，必须按规范严格要求、严格训练，使学生养成认真操练的习惯。

三、体育课堂队列队形的教法提示与指挥

（一）队列队形的教法提示

①队形变化练习的讲解示范，可以在场地上画好路线，用挂图或小黑板画图，并结合有关场地标记讲解，也可在课前将操练内容先向排头的学生讲解。初学时利用器材进行教学，可达到较好效果。例如围绕垫子做"8"字形练习。

---

[1] 蒋新国. 浅谈体育教学中的集中注意力练习法［J］. 体育师友，1998（2）：7-8.
[2] 中国人民解放军队列条令［N］. 解放军报，2010-06-09（001）：3.

②在进行队列队形方向的改变等较复杂的教学时，可在排头行至预定地点时，先停下来做讲解示范，然后再下达口令进行操练，操练中如发生错乱，亦应随时采用这种方法。

③行进多路纵队操练时，排头应主动调整步伐，做到平行前进。特别是多列横队、多路纵队及其组织练习，还必须时刻保持规定的间隔和距离，如出现不符合上述要求时，应立即下达"踏步！"口令，让学生调整好之后，再下达"前进！"口令，继续操练[1]。

（二）队列队形的指挥

1. 队列队形指挥的位置

指挥位置应便于指挥和通视全体。通常是：停止间，在队列中央前；行进间，纵队时在左侧中央前，必要时在中央前，横队、并列纵队时在左侧前或左侧，必要时在右侧前（右侧）或左（右）侧后。

2. 队列队形指挥的方法

队列指挥通常用口令。行进间，动令除向左转走和齐步、正步互换时落在左脚，其他均落在右脚。变换指挥位置，通常用跑步（5步以内用齐步），行进到预定的位置后，成立正姿势下达口令[2]。纵队行进时，可以在行进间下达口令。

3. 队列队形指挥的要求

①指挥位置正确。
②姿态端正，精神振作，动作准确。
③口令准确、清楚、洪亮。
④清点人数，检查着装。
⑤严格要求，维护队列纪律。

---

[1] 蒋新国.浅谈体育教学中的集中注意力练习法［J］.体育师友，1998（2）：7-8.
[2] 中国人民解放军队列条令［N］.解放军报，2010-06-09（001）：4.

4. 队列队形指挥者的检查与纠正方法

指挥者为了逐个检查纠正每个学生的动作，可以采取学生出列和学生不出列两种方法。

不出列时，指挥者面对学生跨步用口令和示范动作逐个检查纠正。

出列时，指挥者跑步到队列左前方适当位置，身体侧向队列，呼点"×××同学，出列"，被呼点的同学先答"到"，然后跑步出列到指挥者前方适当位置（5~7步），面向指挥者，听从指挥。听到"入列"的口令先转向入列方向，跑步入列看齐后，自行稍息。在入列人员看齐时，基准学生应立正，待入列者看齐后，自行稍息。检查纠正队列人员行进动作时，指挥者也可以位于队列前方适当位置，直接以口令指挥出列做动作。

纠正动作时，教师讲解要简单明确、抓住重点、提高工作效率，也要注意选用同学互相检查评价的方法，提高学生观察、分析及解决问题的能力。

第三节　队列队形练习的口令和基本术语

一、队列练习的口令和基本术语

（一）队列练习的口令

口令是指挥者用简短的术语下达的口头命令。口令一般包括两个因素：预令和动令，少数口令只有一个要素（只有动令）。预令指明动作的性质、方向和做法，要求清楚、洪亮，队伍人数较多时，预令要悠长，以使全体学生听得真切；动令指明动作的开始，要求短促有力，具有权威性。按照组成口令所包含的要素不同，口令可以分为以下四种。

①短促口令：只有动令，没有预令的口令称为短促口令。要求发音短促有力，不论几个字，中间不拖音、不停顿，通常按音节（字数）平均分配时间。

有时最后一个字稍长。例如"立正""稍息""报数"等[1]26。

②连续口令：预令拖音与动令相连的口令称为连续口令。预令拖音的长短通常根据人数多少而定。例如"向右看——齐！""向前——看！""向左——转！""齐步——走！"等。

③断续口令：预令与动令之间稍有停顿的口令称为断续口令。例如"第×名，出列！"

④复合口令：兼有断续和连续的口令称为复合口令。例如"以×××为基准，向中看——齐！""左后转弯，齐步——走！"等[1]17。

（二）队列练习基本术语

1. 列与路

学生左右并排成一条直线称为列；学生前后重叠成一条直线称为路。列是组成横队的要素，有几排就称为几列，前排为第一列，以此类推。在指出组成横队排数时，均称为"×列横队"；路是组成纵队的要素，有几行就称为几路，左边第一行为第一路，以此类推。在指出组成横队行数时，均称为"×路纵队"。

2. 横队与纵队

按列排成的队形称为横队，一般其宽度大于纵深；按路排成的队形称为纵队，一般其纵深大于宽度。

3. 间隔与距离

学生成队左右之间的间隙称为间隔；前后之间的间隙称为距离。一般个体之间的间隔为一拳（约10厘米），距离为一臂（约75厘米）；队伍之间的间隔或距离约为2步。

---

[1] 中国人民解放军队列条令[N].解放军报，2010-06-09（001）：26；17.

4. 排头与排尾

位于纵队之首或横队右翼者为排头；位于纵队最后或横队左翼者为排尾。

5. 基准学生

被指定作为看齐目标者称为基准学生。教师下达口令后，基准学生应举手示意，排头和排尾者除外。

6. 翼

队列左右两端称为翼，左端为左翼，右端为右翼。

7. 伍

成二列或数列横队时，前后重叠者为伍。各队伍人数与列数相等时称满伍，人数少于列数时称为缺伍。

8. 步幅与步速

一步的长度（前后两脚脚跟的距离）称为步幅；每分钟所走的步数称为步速。

（三）队列的基本练习内容

1. 原地队列动作

（1）队列定位动作

①立正。口令："立正！"

动作要领：两脚跟靠拢并齐，两脚尖向外分开约60°，两腿挺直，小腹微收，自然挺胸，上体正直微向前倾，两肩要平并稍向后张，两臂自然下垂，五指并拢自然微屈，中指贴于裤缝，头要正，颈要直，口要闭，下颌微收，目视前方[1]。

---

[1] 中国人民解放军队列条令［N］.解放军报，2010-06-09（001）：19.

动作要求：立正时要精神饱满，姿态端正，表情自然，腿要直，胸要挺，头要正，目视前方。

☆教学方法：

a. 教师示范动作、讲解动作要领、提出教学要求。使学生初步建立正确的动作概念、体会动作要领。

b. 学生背靠墙或两人背靠背练习。

c. 利用竞赛法进行眼功练习。如两列横队面对而立（相距半米），竞赛时，要求每个学生睁圆眼睛，尽可能地不眨眼。在规定的时间内，眨眼次数少的队伍获胜。

d. 利用照镜子的方法练习。

e. 在教师口令下全体练习，指定学生干部逐个纠正动作。

f. 组织抽测，互相观摩，取长补短。

☆易犯错误及纠正方法：

a. 上体后仰，挺小腹，仰头。纠正时可采用背靠墙或背靠背的方法，同时强调收小腹，避免上体后仰和仰头等错误动作。

b. 身体不正，两肩不平。纠正时应强调两脚位置，使两脚的中心线正对前方，腰部正直向上用力，两肩自然向后用力，两臂自然下垂。

c. 撅臀。纠正时要指出挺胸、收腹要自然，强调重心上提，髋关节不能弯曲。

②稍息。口令："稍息！"

动作要领：左脚顺脚尖方向伸出大约全脚的2/3，两腿自然伸直，上体保持立正的姿势，身体重心大部分落在右脚[1]。稍息时间过长，可以自行换脚，动作同前。

动作要求：稍息时出脚和收脚要迅速，方向要正，距离要准确，保持上体姿势不变。

---

[1] 盘家顺.体育委员的选拔和培养[J].中国学校体育，2012（S2）：75.

☆教学方法：

a. 教师示范动作、讲解要领，使学生建立正确的动作概念。

b. 个人体会动作，集体反复练习。

☆易犯错误及纠正方法：

a. 稍息出脚时腿弯曲。教师应强调脚跟稍提起，脚腕稍用力，顺势伸出。

b. 稍息换脚时，上体姿势变化。教师应指出出脚方向不正确或没按原路线进行。上体姿势变化的问题，应按要领反复练习。

③看齐。口令："向右（左）看——齐！"或"向中看——齐！"（"向前——看！""向中看——齐！"）

动作要领：看齐时，左右间隔（两肘间的距离）为10厘米（约一拳），前后距离为75厘米（约一臂）。看齐完毕要发"向前——看！"的口令，听到口令后，立即将头转正，恢复立正的姿势。另外，当教师指定"以×××为基准"时，基准同学左手握拳高举，听到"向中看——齐！"的口令后，将手放下，其他学生按照向右（左）看齐的要领实施。

☆教学方法：

a. 按动作要领，个人反复练习转头。

b. 由排头至排尾依次进行摆头练习。

☆易犯错误及纠正方法：

a. 看齐时仰头、探头。教师应指出看齐时颈要保持正直，并反复体会动作要领。

b. 看齐时，上体向右（左）歪斜。教师应指出看齐时上体要保持正直，两肩要相对固定，不能随摆头转动。

④报数。口令："报数！"

动作要领：横队从右到左（纵队从前到后）依次以短促洪亮的声音转头（纵队向左转头）报数，最后一名不转头。在排数列横队时，后列最后一位报"满伍"或"缺N名"。在排数路纵队时，右路最后一位报"满伍"或"缺N名"[1]14。

动作要求：声音洪亮清楚，传递迅速准确。

☆教学方法：
a. 练习短促洪亮地报数（个人、集体）。
b. 利用循环报数游戏法练习。
c. 可采用连续、奇数、偶数或1~N报数的方式交替进行。

☆易犯错误及纠正方法：
a. 报数后，头没有马上转正。个别学生报完数后，头没有马上转正，而要看一看下一位同学报数的情况。教师要强调报数后，立刻目视正前方。可通过两组比赛，把学生的好奇心引到竞争取胜上，以纠正错误动作。

b. 有节奏但不连贯。在强调个体报数洪亮外，还必须强调整体效果。经常出现报数间的节奏感较强，但数与数之间的连贯性差的问题，教师要有意识地让学生通过听觉和提示进行改进。

⑤踏步。口令："踏步——走！"（做原地跑步时，口令："原地跑步——走！"）

动作要领：两脚在原地上下起落，抬起时，脚尖自然下垂，离地约15厘米；下落时，脚前掌先着地，上体保持正直，两臂按齐步或跑步摆臂的要领摆动。听到"立——定"口令，左、右脚各踏一步，成立正姿势[1]7。

教法：整体练习为主，结合进行交替进行。

⑥集合（横队、纵队）。口令："成某列横队——集合！"或"成某路纵队——集合！"

动作要领：集合时，教师应该先发出预告或信号，如吹长哨音、"全体（或某组）注意"，然后站在预定队形的中央前，面向预定队形成立正姿势，

---

[1] 中国人民解放军队列条令[N].解放军报，2010-06-09（001）：14；7.

下达"成某队——集合"的口令。学生听到预告或信号后，原地面向教师成立正姿势[1]13，听到口令后，迅速跑向集合地点（凡是在教师后侧的人员，均应该从教师的右侧绕过）。横队集合时，第一列排头站在教师的左前方。纵队集合时，第一路排头站在教师的右前方。其他学生以排头为基准，按指示队形迅速依次排列起来，自行对正、看齐。

动作要求：动作迅速，纵队对正，排面整齐。

☆教学方法：

a. 集合时，教师可按预先发出信号。

b. 针对一年级小学生没有按一定顺序集合排队的习惯，训练起来困难较大，教学中可采用"看物认位"的方法。

c. 教师可在发出"面向我"三字之后，立即向后转接着发出"成××队形——集合"的口令。

d. 听教师口令，按要领全体反复练习。

☆易犯错误及纠正方法：

a. 在教师后侧的学生，集合时从教师左侧绕过。纠正时，教师可左臂上下摆动，以提示学生注意。

b. 降重心，屈膝跺脚移动。纠正时，教师强调提高身体重心，两膝保持一定的紧张，交换频率要快，避免出现屈膝跺脚的现象。

c. 队形不整齐。纠正时，教师强调先对正，后看齐，然后逐个将头转正、稍息待命。反复练习，个别指导。

d. 列队两翼与教师不成等腰三角形。纠正时，应该注意加强基准学生与教师的距离与角度的训练。

⑦蹲下。口令："蹲下！"

动作要领：右脚后退半步，臀部坐在右脚跟上（膝盖不着地），两手自然放在两膝上，上体保持正直。蹲下过久，可自行换脚[1]9。

动作要求：右脚后退要迅速，位置要准确，前脚掌着地，两腿挺直；上体

---

[1] 中国人民解放军队列条令[N].解放军报，2010-06-09（001）：13；9.

后移迅速，臀部坐在右脚跟，上体保持正直。

⑧起立。口令："起立！"

动作要领：全身协力迅速起立，成立正姿势。

动作要求：身体重心快速前移，两腿挺直，靠脚迅速。

⑨跨立。口令："跨立！"

动作要领：上体保持立正姿势，左脚向前跨出约一脚之长，同时两手后背，左手握右手腕，左手手腕上沿约与腰带下沿同高，右手手指并拢自然弯曲，手心向后[1]6。

动作要求：要做到"两快两准，一稳固"，即跨步、收步快，背手、放手快；跨步间隔准，背手位置准，身体要稳固。

☆教学方法：

a. 教师示范动作，并强调动作要点。听口令，全体反复练习。

b. 分小组，学生之间相互纠正动作。

（2）队列定位转法

①正方向转法。口令："向左（右）——转！"或"向后——转！"

动作要领：以右（左）脚跟为轴，右（左）脚跟和左（右）脚掌前部同时用力，向右（左）转90°，身体重心落在右（左）脚上，左（右）脚靠拢右（左）脚，成立正姿势。转动和靠脚时，两腿挺直[1]64，上体保持立正姿势。向后转时，按向右转的要领向后转体180°。

②斜方向转法。口令："半面向右（左）——转！"

动作要领：按向右（左）转的要领向右（左）转体45°。

---

[1] 中国人民解放军队列条令[N].解放军报，2010-06-09（001）：6；64.

☆教学方法：

a. 教师示范动作，讲解动作要领。

b. 采用分解法练习。

c. 分小组练习，学生间相互纠正动作。

d. 听口令，全体练习（可转体时喊1，靠脚时喊2）。

☆易犯错误及纠正方法：

a. 转体时两腿弯曲，转体转脚不一致。纠正时，教师应强调两腿挺直，脚和上体要形成一个整体，转动时，脚前掌和另一只脚跟同时用力，转动身体不得用上体带动下肢转动，发力顺序应由下至上。

b. 方向不正，两臂外展。纠正时，教师应强调控制好方向，可预先讲明转体后应目视的目标。还可以采用将橡皮条贴于两手中指和裤线上，以限制两臂外展。

c. 靠腿时撩腿。纠正时，上体要正，两腿自然伸直，按向前、向内、向下的力量，取捷径后脚向前脚靠拢的要求练习。

（3）原地列队变化

①一列横队变二列横队。口令："成二列横队——走！"

动作要领：变换前先1、2报数，听到口令后数2者左脚后退一步，右脚向右跨出一步，左脚向右脚靠拢，并站到数1者之后，自行看齐[1]。亦可两步完成，即数2者右脚向右后方退一步，左脚并右脚，然后自动看齐（图3-1）。

二列横队变四列横队做法与一列横队变二列横队相同。

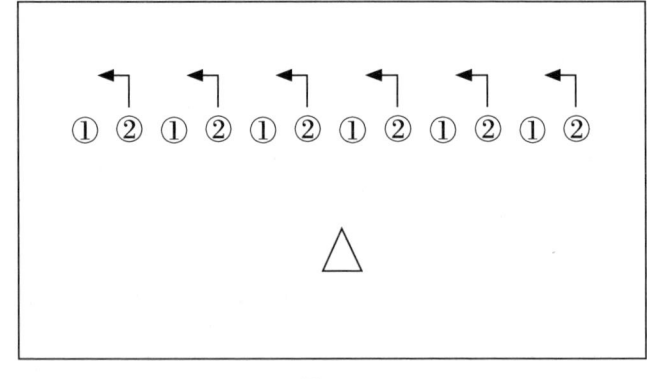

图3-1

[1] 赵百东. 从形式上引领，从内容上鞭策 [J]. 中国学校体育，2012（1）：42-43.

②二列横队变一列横队。口令："成一列横队——走！"

动作要领：各列左右先取好一臂间隔，听到口令后，后列数左脚左跨一步，右脚向前上一步，左脚向右脚靠拢，自行看齐。同样亦可以采用两步完成，即后排左脚向左前方跨一步，右脚靠拢左脚，立于前列人之左，并自动看齐[1]49（图3-2）。

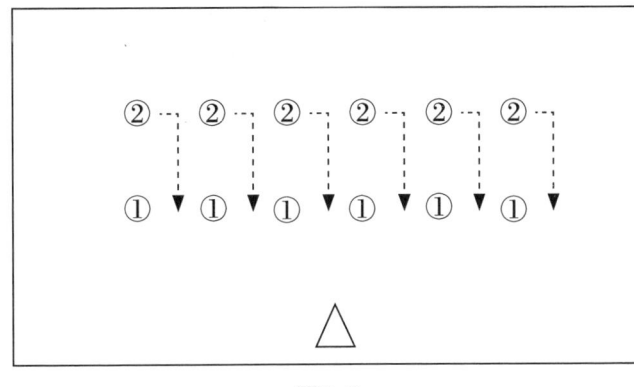

图3-2

四列横队变二列横队做法与二列横队变一列横队方法相同。

③一列横队变三列横队。口令："成三列横队——走！"

动作要领：变换前首先由右至左1、2、3报数，听到口令后数2者不动，数1者左脚向左前上一步至数二者前面，数3者右脚向右后退一步至数2者后面，自动看齐[1]55（图3-3）。

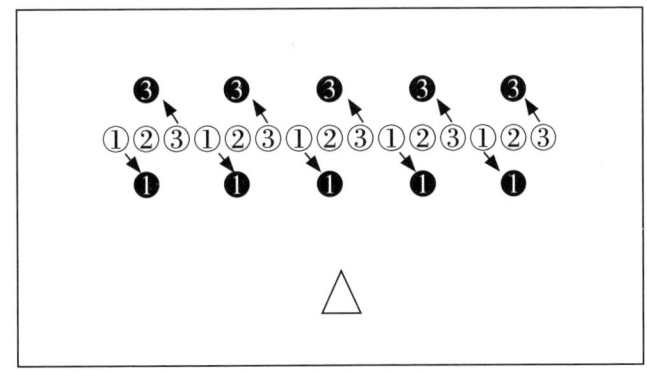

图3-3

---

[1] 全国体育学院教材委员会.体操[M].北京：人民体育出版社，1989：49；55.

④三列横队变一列横队。口令："成一列横队——走！"

动作要领：变换前各列左右两人先取两臂间隔，听到口令后，第二列不动，一列和三列按一列变三列的相反方向各插入第二列学生两侧，自动看齐[1]（图3-4）。

一路纵队变三路纵队；三路纵队变一路纵队，仿照横队变法实施。

还原时，1、3数者动作方向与上相反，回到原位自动看齐。以及"成一列横队——走！"

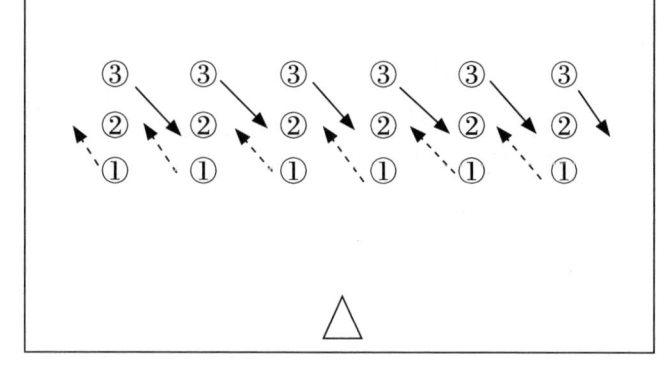

图3-4

⑤二列横队变三列横队。口令："成三列横队——走！"

动作要领：先取两步距离。1至3报数后，听到口令，1、3数不动；前排2数向右后退一步，后排2数向左前迈一步，各站于前排1、3数之后，自行对正看齐（图3-5）。

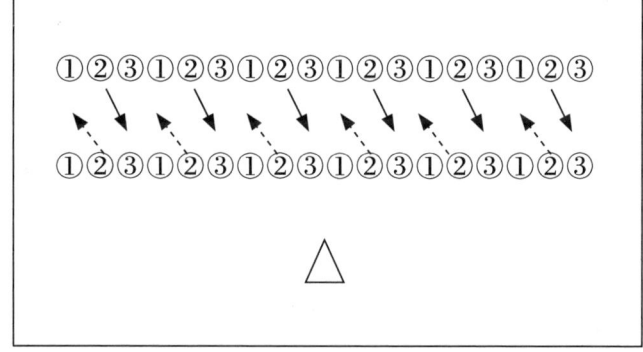

图3-5

---

[1] 全国体育学院教材委员会.体操［M］.北京：人民体育出版社，1989：48.

⑥三列横队变二列横队。口令："成二列横队——走！"

动作要领：先取一臂间隔，1、2报数后，听到口令，一、三列不动，二列1数左脚向左前出一步，站于前列1数之左，2数右脚向右后退一步，站于后列1数之左，自行对正看齐[1]49（图3-6）。

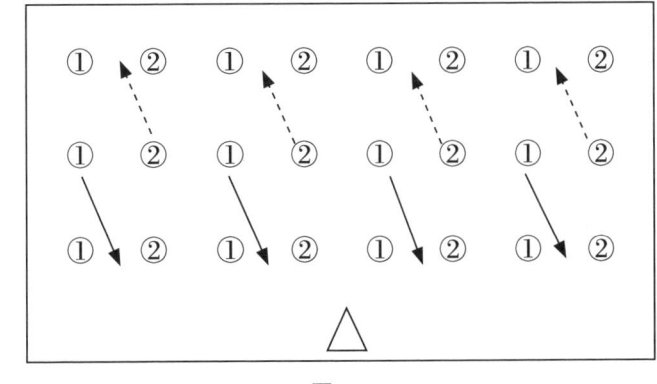

图3-6

二路纵队变三路纵队、三路纵队变二路纵队仿照横队变法实施。

2. 行进间队列动作

（1）各种走步和立定

①齐步走与立定。口令："齐步——走！"

动作要领：左脚先前迈，步幅约75厘米，重心前移后，右脚继之。行进中，上体正直，微前倾，两手微握拳，臂做自然摆动。前摆时，屈肘，前臂自然向里合，手与第五衣扣同高，指根正对衣扣线，距离25厘米[1]43，步速每分钟约120步。

听到"立定"口令后，左脚向前大半步，右脚靠拢左脚，成立正姿势。

☆教学方法：

a. 先做原地摆臂练习。

b. 立定练习。

---

[1] 全国体育学院教材委员会.体操[M].北京：人民体育出版社，1989：49；43.

c. 为加强动作节奏感，可行进间练习，这样也可以改正个别学生步速不匀的毛病。

d. 原地踏步走练习，体会上下肢动作的配合。

e. 利用典型正、误对比，结合要领讲明原因。

f. 分组练习，互相纠正。

☆易犯错误及纠正方法：

a. 摆臂动作幅度小，肘关节过分放松。纠正时，可让学生肘关节稍微紧张一些，以肩为轴摆动练习，摆动的幅度也可大一些，然后逐渐过渡到肘部适当放松，小臂自然内收，高度、角度符合要求。向后摆，指尖轻擦裤子，用手腕控制摆臂速度。

b. 身体松、左右晃，低头看地。纠正时，教师应强调身体要正，还可在腰的两侧各插一本书，控制身体的摆动。

c. 行进中走"八字脚"的现象。纠正时，教师可在地面上画出一条直线，行进中沿线的两侧平行前进。

②正步走与立定。口令："正步——走！"

动作要领：左腿直膝，绷脚面踢出约75厘米（脚掌距地约25厘米），然后适当用力下压，全脚掌着地，体重前移，右脚踢出，依次轮换。行进中，上体正直，微前倾，两手微握拳。向前摆臂时，屈肘，前臂略平，手腕位于第三、四衣扣间（约距身体10厘米）。向后须自然摆至极限。行进速度每分钟116~120步。

体育队伍常用的正步，唯在摆臂上与之略有差别。一般要求前摆屈肘成90°，与肩平，前臂与身体平行[1]。

听到"立定"口令后，左脚向前踏半步，右脚靠拢左脚，成立正姿势[2]。

☆教学方法：

先采用分解教学，然后完整练习。练习踢脚、压脚的分解动作（背手做）

---

[1] 蔡福全.学校队列队形教学[M].北京：北京教育出版社，1992：72.

[2] 全国体育学院教材委员会.体操[M].北京：人民体育出版社，1989：44.

和原地摆臂动作；臂、腿配合的分解动作；完整动作。初学者可在地上画出相距75厘米的标志线，通过路线练习，以统一步幅[1]73。

☆易犯错误及纠正方法：

a. 行进时，弓、掏、弹腿。纠正时，教师应强调跟腿时胯部上提，腿伸直，当后脚尖至于前脚跟时，利用脚腕绷脚面、压脚尖、以小腿带动大腿的力量迅速踢出。

b. 上体不稳、重心下降。纠正时应注意身体上拔，头向上顶，脚落地时两腿不得弯曲。

c. 摆臂动作无力。教师应强调摆臂动作，不能平均地使用力量，要有一个加速度，有一个前摆腹前屈臂略微停顿的过程。

③跑步走与立定。口令："跑步——走！"

动作要领：听到预令，两手握拳提至腰间，拳心向内，肘部稍向里合，上体稍向前倾。听到动令，左腿微屈前提，右脚踏地跃出约80厘米，前脚掌着地后，体重随之前移紧接右腿继之，依次轮换；两臂自然摆动，前摆不露肘，前臂略平，稍向里，拳不超过中缝线，后摆不露手。行进速度每分钟约180步。

听到"立定"口令后，继续跑两步，然后左脚向前大半步（不摆臂），右脚靠拢左脚，同时将手放下，成立正姿势[1]75。

☆教学方法：

a. 原地摆臂练习（抱拳快速、有力）。

b. 三人一组，原地跑步练习，相互纠正动作。

☆易犯错误及纠正方法：

a. 摆臂时，"上下打鼓"。纠正时，以肩为轴，上臂和前臂一起运动，前臂稍向里合。

b. 第一步跃不出去。纠正时，教师应指出原因在于上体没有及时前倾或右腿蹬地不够积极。可在原地反复练习这一动作。

---

[1] 蔡福全.学校队列队形教学［M］.北京：北京教育出版社，1992：73；75。

c. 立定时，靠脚放手动作不一致。纠正时，可原地踏步练习，做分解练习，强调第四动靠脚与放臂同时完成。

d. 立定时站不稳。教师指出原因在于没有注意动作节奏，可在发出"立定"的口令后，马上提示出1、2、3、4以强化动作节奏。

④**原地踏步与立定。口令："原地踏步——走！"**

动作要领：两脚在原地上、下交替起落。起时，脚尖自然下垂，距离地面约15厘米；落时，前脚掌先着地，上体正直，摆臂按齐步要领。待听到"前进"口令后，先继续踏两步，再换齐步（或跑步）行进。

听到"立定"口令后左脚再踏一步，右脚靠拢左脚，原地呈立正姿势[1]。

☆教学方法：

a. 教师示范正确的踏步与立定动作，包括脚步移动、身体姿势、脚部站立位置和身体重心分配等。

b. 做原地摆臂和立定的分解动作练习。

c. 原地踏步走练习，体会手臂和腿的配合。

d. 分组练习，互相纠正，教师纠错。

e. 集体练习，加强动作节奏感。

☆易犯错误及纠正方法：

a. 踏步时脚步不稳，失去平衡。纠正时，教师要强调踏步时脚步要稳固，重心要分配均匀。可以通过练习单脚站立等平衡训练来提高稳定性。

b. 踏步动作不流畅，步伐不协调。纠正时，分解动作，逐步练习每个步骤，确保学习掌握每个动作的技术要领。可以使用计数或节拍帮助学习保持节奏。

c. 立定时姿势不正确，身体姿势前倾或后仰。纠正时，教师要强调正确的站立姿势，包括站立位置、身体重心等。可以让学生站在墙边，感受正确的站立姿势。

d. 立定时脚步站位不准确，间距过宽或过窄。纠正时，教师要指导学生正确的脚步站位，确保间距适中，脚尖对齐。可以使用标志物或线条帮助学生调

---

[1] 蔡福全.学校队列队形教学［M］.北京：北京教育出版社，1992：76.

整脚的位置。

（2）各种步法变换

步法变换均从左脚开始，听到口令，即换新的步法行进[1]77。

①齐步、正步互换。听到口令，右脚继续走1步，即换正步或齐步行进。

②齐步换跑步。听到预令，两手迅速握拳提到腰间，两臂前后自然摆动；听到动令，即换跑步行进。

③齐步换踏步。听到口令，即换踏步。

④跑步换齐步。听到口令，继续跑2步，然后换齐步行进。

⑤跑步换踏步。听到口令，继续跑2步，然后换踏步。

⑥踏步换齐步或跑步。听到"前进"的口令，继续踏2步，再换齐步或跑步行进[1]78。

教法：先练习齐步、正步互换，再练习齐步、跑步、踏步互换。

（3）各种步法移动

①向右（左）跨步。口令："向右（左）跨×步——走！"

动作要领：上体保持正直，每侧跨一步并脚一次，其步幅约与肩同宽，跨到指定步数停止。

②向前或后退。口令："向前×（单数）步——走""后退×步——走！"

动作要领：向前走时，按照齐步走的要领，进到指定步数停止（向前一步时，不摆臂）。向后退时，从左脚开始，每退一步并脚一次，不摆臂，退到指定步数停止[1]68。

（4）行进间转法

①齐步、跑步向左转。口令："向左转——走（跑）！"

动作要领：预令和动令均在左脚，当听到动令后右脚向前半步（跑步时继续跑两步，再向前半步），脚尖向左约45°，以左脚的脚前掌为轴，身体向左转90°，右脚不动，同时出左脚按原步法向新方向行进。转动时，两臂自然摆

---

[1] 蔡福全.学校队列队形教学［M］.北京：北京教育出版社，1992：77；78；68.

动，不得外张；两腿自然伸直，上体保持正直。

②齐步、跑步向右转。口令："向右转——走（跑）！"

动作要领：左脚向前半步（跑步时继续跑两步，再向前半步），脚尖向右约45°，以右脚的脚前掌为轴，身体向右转90°，左脚不动，同时出右脚按原步法向新方向行进。转动时，两臂自然摆动，不得外张；两腿自然伸直，上体保持正直。

③齐步、跑步向后转。口令："向后转——走（跑）！"

动作要领：左脚向前迈出约半步（跑步时继续跑两步，再向前半步），脚尖向右约45°，以两脚的脚前掌为轴，从右向后转180°，出左脚按原步法向新方向行进。转动时，两臂自然摆动，不得外张；两腿自然伸直，上体保持正直[1] 78-79。

3. 行进间队列变化

（1）横队变化

①行进间一列横队变二列横队。口令："成二列横队——走！"

动作要领：先从左至右1、2报数。听到动令后，1数照直行进，2数左脚踏上一步，右脚向右出一步，插入1数之后，照直行进。

②行进间二列横队变一列横队。口令："成一列横队——走！"

动作要领：先取一臂间隔。听到动令后，前排原地踏两步；后排左脚向左出一步，右脚上前一步插入前排学生之左，照直行进[1] 83。

（2）纵队变化

①行进间一路纵队变二路纵队。口令："成二路纵队——走！"

动作要领：听到口令后，排头小步行进，双数学生出右脚一步到单数学生的右侧，迅速调整好距离，照原步法并列行进。

---

[1]蔡福全.学校队列队形教学［M］.北京：北京教育出版社，1992：78-79；83.

②行进间二路纵队变一路纵队。口令："成一路纵队——走！"

动作要领：右路排头照直行进，其余学生小步行进，并从前到后依次插入左路各学生之后，成一路后照直行进[1]84。

③行进间一路纵队变多路纵队。口令："成×路纵队，向左转——走"或"成×路纵队，左转弯——走！"

动作要领：听到动令后，按所示路数的前×名学生同时向左转以小步前进。后面学生到达前×名学生转体位置时，自动向左转，并与前×名学生对正前进，以此类推。

四路以内目测，四路以上应先报数。

④多路纵队变一路纵队。口令："成一路纵队，向右转——走！"

动作要领：听到动令后，各路的排头同时向右转大步行进，并自行对正；后面各列依次走到第一列学生转体处，自动向右转，排头与前一列的排尾相接，成一路纵队[1]85-88。

（3）纵队与横队的转弯走

①横队变化。口令：原地开始，"左（右）转弯，齐步——走！"行进间开始，"左（右）转弯！"

横队和数列纵队变换方向。

动作要领：轴翼踏步，并逐渐向左（右）旋转，同相邻学生动作协调，外翼第一个学生以大步行进，注意掌握方向，不要向轴翼挤靠，其他学生用眼睛的余光向外翼取齐，越接近轴翼者，其步幅越小，并保持规定的间隔，不要向左右挤靠。保持排面整齐，转到踏步，取齐，听口令前进或停止[2]。

②纵队变化——左（右）转弯走。口令：原地开始，"左（右）转弯，齐步——走！"行进间开始，"左（右）转弯！"

动作要领：基准学生用小步边行进、边向左（右）转90°后，照直前进，

---

[1]蔡福全.学校队列队形教学[M].北京：北京教育出版社，1992：84；85-88.
[2]全国体育学院教材委员会.体操[M].北京：人民体育出版社，1989：49-55.

其他学生依次进到基准学生转弯处，转向新方向前进。

原地开始时，基准学生向左（右）转后，按齐步走的动作要领照直前进。其他学生依次进到基准学生转弯处，转向新方向前进。

③纵队变化——左（右）后转弯走。口令：原地开始，"左（右）后转弯，齐步——走！"行进间开始，"左（右）后转弯！"

动作要领：基准学生用小步边行进、边向左（右）后转，然后照直前进，后面学生依次进到基准学生转弯处，转向新方向前进。

原地开始时，基准学生向左（右）后转，按齐步走的动作要领照直前进，后面学生依次进到基准学生转弯处，转向新方向前进[1]。

二、队形练习的口令和基本术语

（一）图形行进

基本图形变化从与场地关系来讲，一般分为直线、斜线和曲线三种方向行进，并且在这三种方向的基础上做出不同的图形变化。

1. 直线行进

（1）绕场行进

口令："绕场行进，齐步——走！"

动作要领：听到动令后，队伍自动沿着操场或体育馆的边，绕场行进，学生每到一角依次自动转90°行进。绕场行进是最基本的行进（图3-7）。

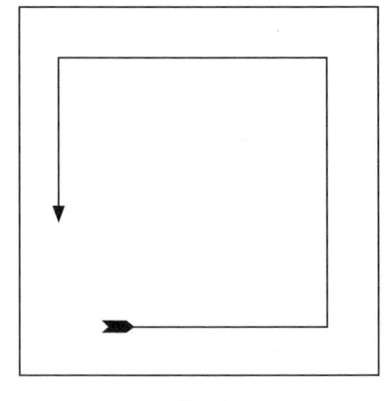

图3-7

---

[1] 全国体育学院教材委员会.体操[M].北京：人民体育出版社，1989：45.

（2）错肩行进

口令："从右（左）边——走！"

动作要领：两路纵队迎面相遇时，下达口令，听到动令后，两队均以本队前进方向的左（右）边行进，相错右（左）肩，两队相隔为一步（图3-8）。

在这种错肩练习的基础上，左右二路纵队练习时，可以产生各种变化。

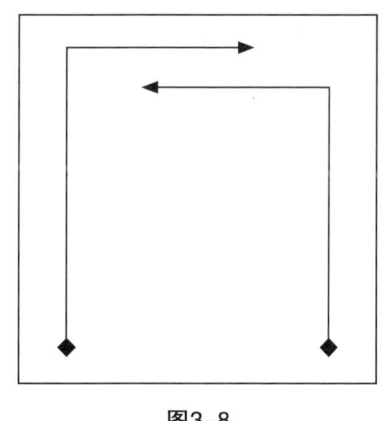

图3-8

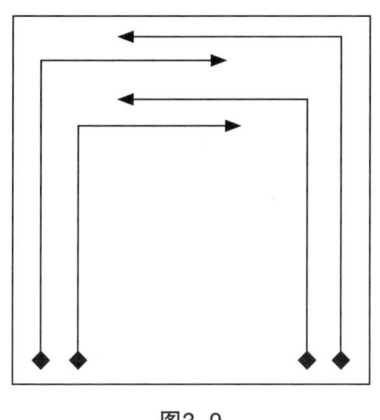

图3-9

（3）一路隔一路的错肩

口令："一路隔一路，从右（左）边——走！"

动作要领：四路纵队迎面相遇时，下达口令，听到动令后，两队一路一路地隔开，均以本路前进方向的右（左）边行进（图3-9）。

（4）从里（外）边错肩

口令："左（右）队，从里（外）边——走！"

动作要领：四路纵队迎面相遇时，下达口令，听到动令后，左（右）队的二路纵队中间（外侧）行进，而右（左）队的二路纵队均向外侧（中间）行进（图3-10）。

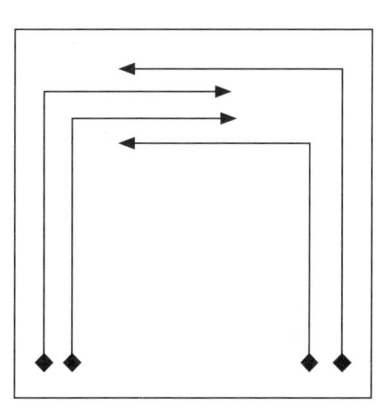

图3-10

2. 斜线行进

（1）对角线行进

口令："沿对角线——走！"

动作要领：排头走至场地的某一角时，下达口令，听到动令后，排头左（右）脚向前一步，右（左）脚向前半步左（右）转弯135°面向对角行进，后面的学生依次按排头的动作行进。当排头走近对角时，及时下达右（左）转弯45度走的口令（图3-11）。

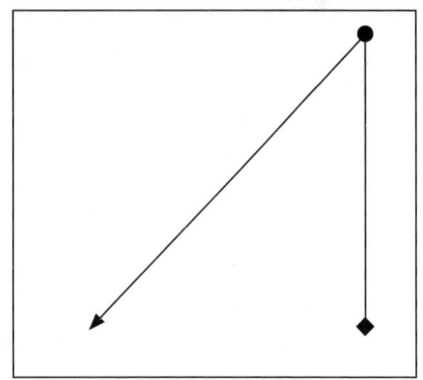

图3-11

（2）交叉行进

口令："交叉行进——走！"

动作要领：两队同时做对角线行进，相遇时下达口令，听到动令后，单数在前、双数在后依次交叉穿过正中点（图3-12）。

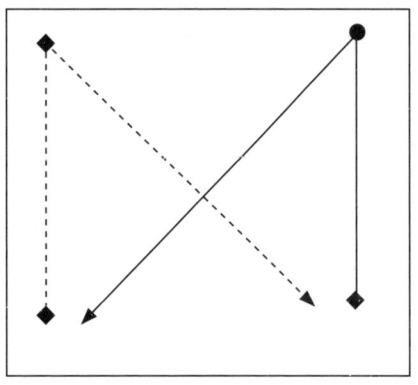

图3-12

3. 曲线行进

（1）蛇形行进

口令："成蛇形——走！"

动作要领：一路纵队排头走近某一角时下达口令，听到动令后，从排头开始依次左后转弯向相反方向行进。走到边线时自动再向右后转弯行进，按此方法来回两次以上的走动形成蛇形行进。蛇形行进时左右间隔为一步（图3-13）。

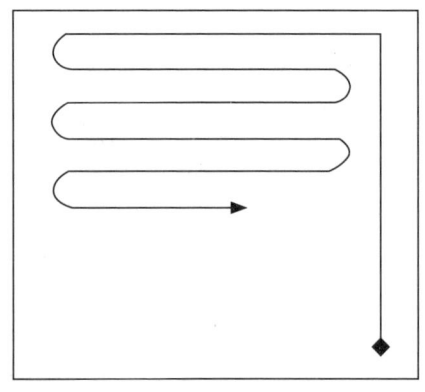

图3-13

（2）螺旋形行进及还原

口令："成开口螺旋形——走！"

动作要领：开口螺旋形走是一路纵队走（跑）到边线中部时下达口令，听到动令后，排头循圆周靠内做螺旋形行进到达中心点后自行右后转弯反方向沿队伍中间空隙循圆周走（跑）出（图3-14）。

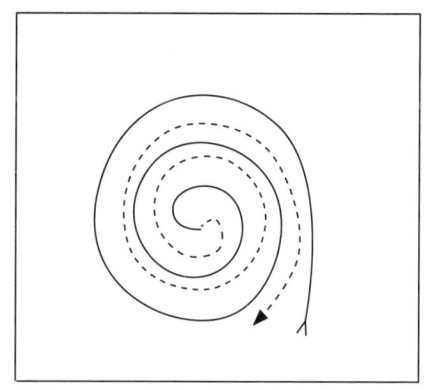

图3-14

口令："成闭口螺旋形——走！"

动作要领：闭口螺旋形行进方法同上，一路纵队向内螺旋，还在排头到达中心时教师下达"向后转——走（跑）"的口令，全体同学向后转走（跑），原来的排头变成排尾，排尾变成排头，带领队伍逐步还原（图3-15）。

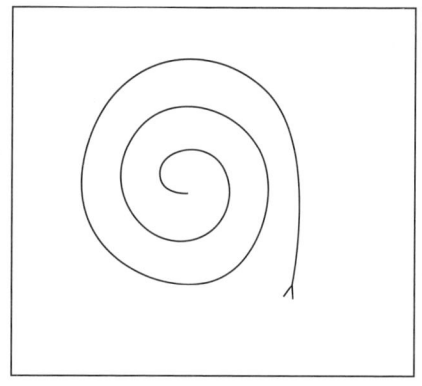

图3-15

（3）圆形行进

口令："成圆形——走（跑）！"

动作要领：一路纵队排头走（跑）到任何位置可下达口令，听到动令后，从排头依次走弧形成圆形。成圆形后再下达继续圆形走或绕场行进等口令（图3-16）。

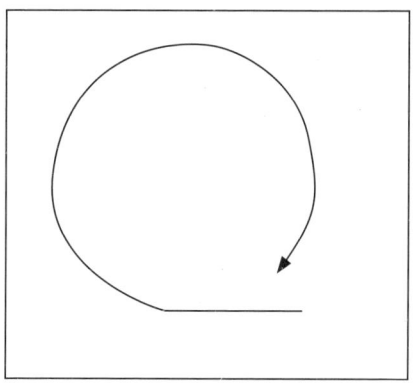

图3-16

（4）"8"字形行进

口令："成'8'字形——走"！

动作要领：一路纵队排头走到边线中部时下达口令，听到动令后，排头按"8"字路线走成"8"字形。"8"字形行进必须走成近似两个大小相等的圆形，并充分利用场地[1]（图3-17）。

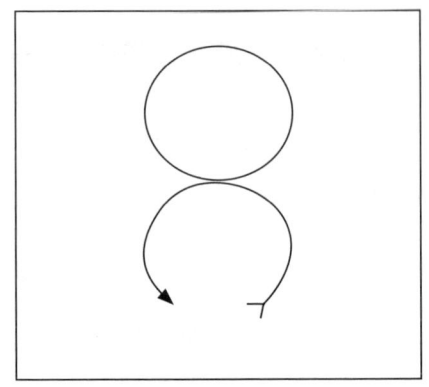

图3-17

（二）队形变换

1. 分队走和合队走

（1）分队

口令："分队——走！"

动作要领：一般一路纵队排头走近端线时下达口令，听到口令后，单数学生左转弯，双数学生右转弯，由原来的一路纵队依次分成左右两个纵队，分别沿边线不同方向绕场行进（图3-18）。

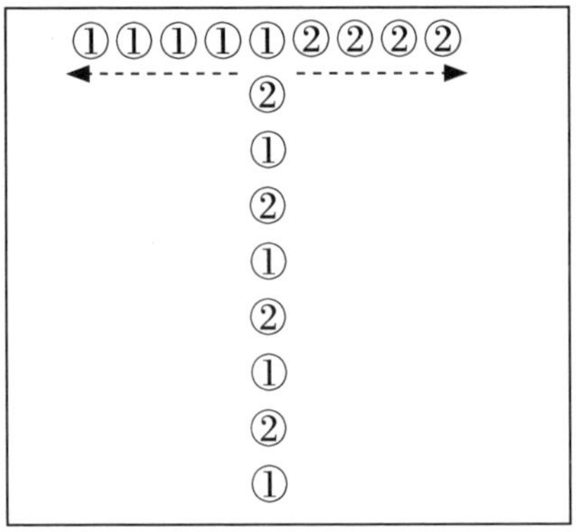

图3-18

---

[1] 全国体育学院教材委员会.体操［M］.北京：人民体育出版社，1989：51-55.

（2）合队

口令："合队——走！"

动作要领：两个一路纵队迎面相遇时下口令，听到动令后，相遇的两个队，在同一点上左路左转弯走，右路右转弯走并依次进到左路后面，成一路纵队行进（图3-19）。

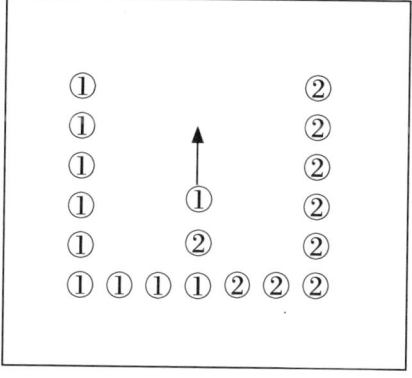

图3-19

2. 裂队走和并队走

（1）裂队

口令："裂队——走！"

动作要领：二路纵队行进，听到口令后，左路左转弯走，右路右转弯走，由二路纵队裂成两个不同方向绕场行进的队（图3-20）。

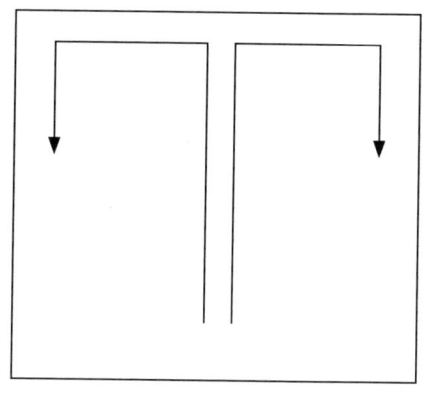

图3-20

（2）并队

口令："并队——走！"

动作要领：两个一路纵队迎面相遇时下达口令，听到动令后，相遇的两个队，左路左转弯走，同时右路右转弯走并成二路纵队行进（图3-21）。

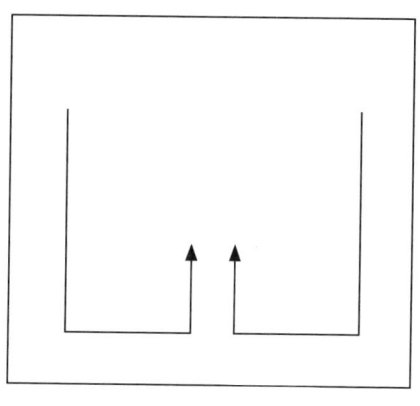

图3-21

119

3. 行进间由一路纵队变成多路纵队及还原

（1）行进间一路纵队变多路纵队

口令"成×路纵队，向左转——走"或"成×路纵队，左转弯——走！"

动作要领：听到动令后，按所示路数的前×名学生同时向左转以小步前进。后面学生到达前×名学生转体位置时，自动向左转走，并与前×名学生对正前进，以此类推（图3-22）。

四路以内目测，四路以上应先报数。

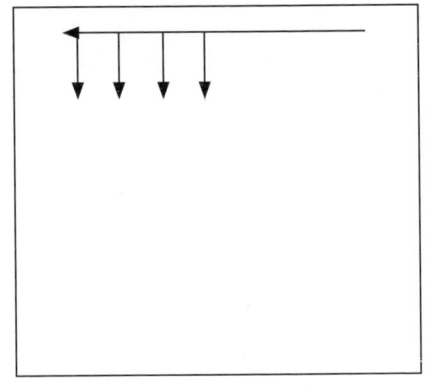

图3-22

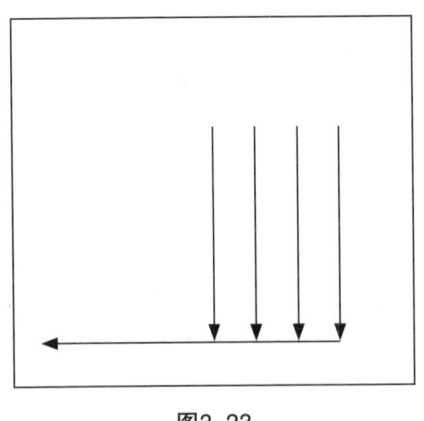

图3-23

（2）多路纵队变一路纵队

口令："成一路纵队，向右转——走！"

动作要领：听到动令后，各路的排头同时向右转大步行进，并自行对正；后面各列依次走到第一列学生转体处，自动向右转走，排头与前一列的排尾相接，成一路纵队（图3-23）。

4. 特殊队形

（1）一路纵队变三角队形及还原

①成三角形。口令："成三角形，向左（右）转——走！"

动作要领：听到动令后，排头向左（右）转小步行进，后面学生依次按递增数走到适当的位置（前排排头转弯处的前两步处）向左（右）转跟进。成三角形队形后，按指挥员口令（按原步幅前进或立定等）执行（图3-24）。

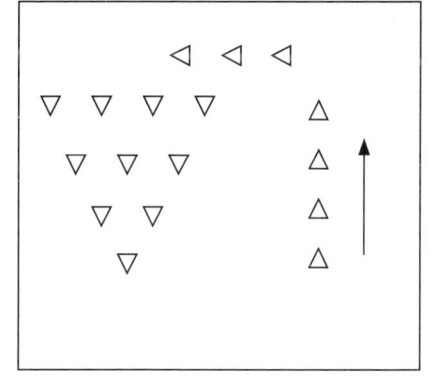

图3-24

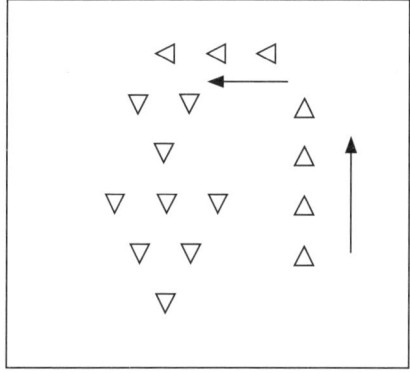

图3-25

②连续三角形。口令："成底边四人连续三角形，向左（右）转——走！"

动作要领：同成三角形的方法，只是在走成底边四人组成一个三角后，按照同样的方法依次变成同样的三角形。三角形与三角形之间保持一定的距离（图3-25）。

③三角队形还原成一路纵队。口令："成一路纵队，向右（左）转——走！"

动作要领：听到动令后，排头向右（左）转大步行进，后面各列行进到排头转体处，向右（左）转跟进，成一路纵队。

（2）一路纵队变"V"字形及还原

①一路纵队变"V"字形。口令："呈斜边×人'V'字形，向左（右）转——走！"

动作要领：听到动令后，排头向左（右）转小步行进，后面学生依次每二人走到排头转弯处适当的位置向左（右）转，保持一定夹角跟进，走成一个斜边×人组成的"V"字形。

②"V"字形还原成一路纵队。口令："成一路纵队，向右（左）转——走！"

动作要领：听到动令后，排头向右（左）转大步行进，后面各列行进到排头转体处，向右（左）转跟进成一路纵队。

（3）一路纵队变菱形及还原

①对角线×人的菱形。口令："成对角线×人菱形，向左（右）转——走！"

动作要领：听到动令后，排头向左转小步行进，后面人员依次按递增数，走至排头转体处向左转跟进成横对角线×人后，再按递减数跟进成纵对角线×人组成的菱形。其余人员照同样方法再组成一个同样的菱形（图3-26）。

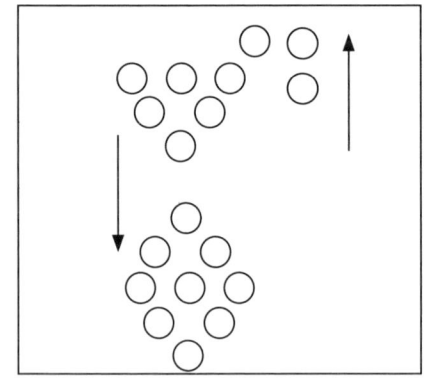

图3-26

②菱边×人组成的菱形。口令:"成菱边×人菱形,向左(右)转——走!"

动作要领:听到动令后,排头向左转小步行进,后面学生每两人依次走到排头转体。向左转并保持一定夹角跟进,成菱边×人时再缩小夹角跟进或菱边×人组成的菱形。其余学生用同样方法继续变菱形(图3-27)。

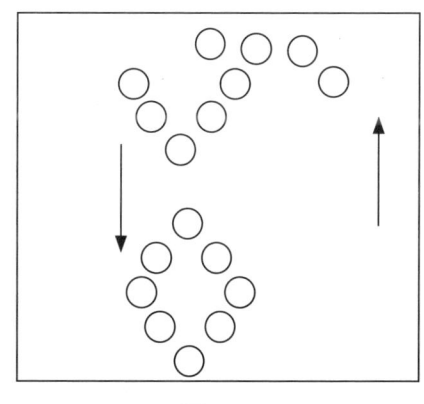

图3-27

③菱形队形变一路纵队。口令:"成一路纵队,向右(左)转——走!"

动作要领:听到动令后,排头向右(左)转大步行走,后面各列行进到排头转体处,向右(左)转跟进成一路纵队。

(4)四列横队变"十"字队形及还原

①四列横队变"十"字队形。口令:"呈'十'字形,左(右)转弯——走!"

动作要领:听到动令后,以左(右)翼为轴,连续左(右)转弯行进,当第一列转到90°,第二列开始左转弯,后面各列依次左(右)转弯成"十"字形后"踏步"或"立定"(图3-28)。

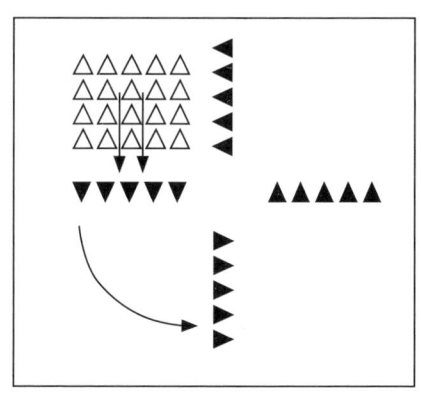

图3-28

② "十"字形还原成四列横队。口令:"成四列横队——走!"

动作要领:听到动令后,第一列踏步,其余各列左(右)转弯成四列横队踏步,然后按指挥员口令前进或立定(图3-29)。

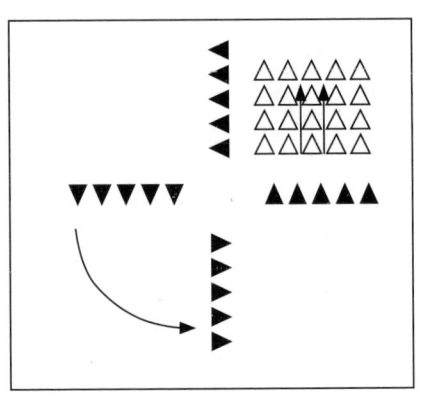

图3-29

(5) "十"字形变圆形及还原

① "十"字形变圆形。口令:"成圆形,左(右)转弯齐步——走!"

动作要领:由面向外的"十"字形站立开始,听到动令后,各路左(右)转弯沿圆周行进成圆形(图3-30)。

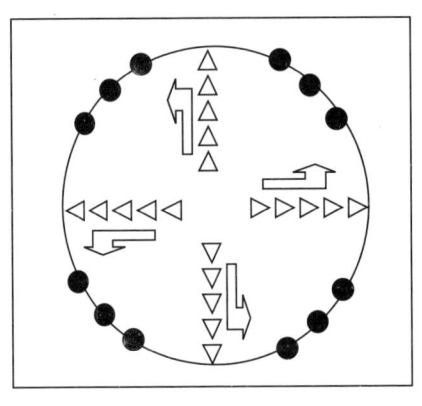

图3-30

② 圆形还原成"十"字队形。口令:"呈'十'字形,各路左(右)转弯——走!"

动作要领:听到动令后,各路左(右)转弯走,各路排头走至圆心踏步,呈"十"字形,然后按指挥员口令做动作(图3-31)。

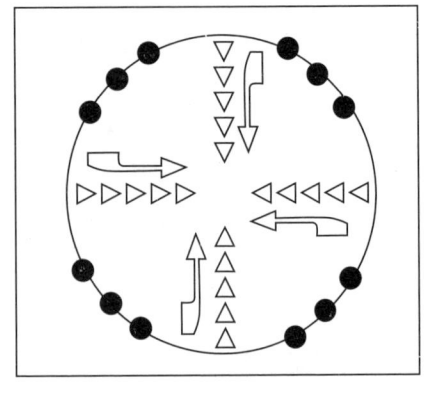

图3-31

（三）散开与靠拢

散开与靠拢主要有两臂间隔散开与靠拢、横队梯形散开与靠拢、纵队弧形向前和向后散开与靠拢、依次散开与靠拢等。

1. 左右间隔两臂、前后距离两步散开和靠拢

口令："以某某为基准，间隔两臂，距离两步——散开！"
　　　"向右（左）看——齐！或以某某为基准向中看——齐！"

动作要领：基准人不动，其他人员快速散开。前列或全体两臂侧平举，前后对正、左右看齐，然后两臂自动放下成立正姿势。当下达靠拢口令后，按口令要求迅速跑步靠拢看齐。

教法提示：须先规定好基准学生，规定好散开的走或跑的形式。

2. 横队变梯形散开和靠拢（以一列变三列为例）

口令："成三列梯形横队——走，成一列横队——走！"

动作要领：须先1、3、5或5、3、1报数，并强调走自己所报的数步。听到口令后，报数字几的向前几步走。当下达靠拢口令后，先向后转，再按各自报的数字走回原位，然后向后转（图3-32）。

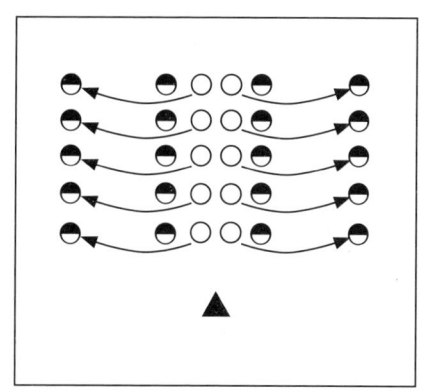

图3-32

3. 弧形散开和靠拢（以四路纵队为例，有两种做法）

口令："间隔两步弧形——散开和向中弧形——靠拢！"
　　　"间隔两步向后弧形——散开和向后弧形——靠拢！"

动作要领：先明确8拍完成练习，再指定2、3路前6拍分别所走的弧线，最后再强调1、4路不动。2、3路前6拍分别沿弧线经前绕过临近的同学走至规定的距离，7、8拍向后转。靠拢时，原2、3路的学生按原路线走回原处，再向后转，同样用8拍完成。还原时与弧形散开、靠拢基本相同，唯前2拍先向后转，从临近同学后面弧形绕至规定位置[1]（图3-33）。

4. 多列横队依次散开和靠拢（以100人方阵为例）

口令："向前向左成体操队形——散开和向后向右——靠拢！"

动作要领：听到散开口令后，从

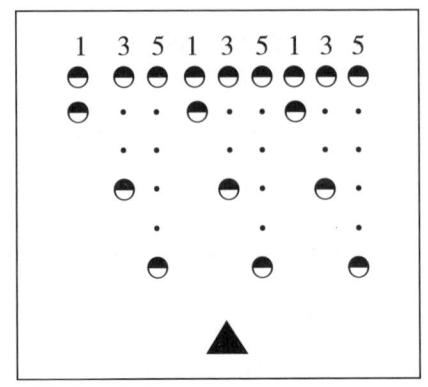

图3-33

第10列（前列）开始用齐步或正步前进。每列启动依次相差两步，各列走的步数为列次的2倍减1（如第10列即10×2-1=19）。向前同时走完规定的步数后立定，全体向左转，再以各排尾开始向新的方向前进。步数为每人所报序数的2倍减1。走完后立定，全体向右转，即成散开队形。当下达靠拢口令后，全体向右转，按散开时的做法和步数向前靠拢，再向右转，向前成密集队形靠拢，然后，全体向后转，还原成原队形（图3-34）。

教法提示：首先各路由前向后"10至1"报数，明确特定的列次；然后由右向左报数，明确每人的序数。最后强调每列起动依次相差的步数。

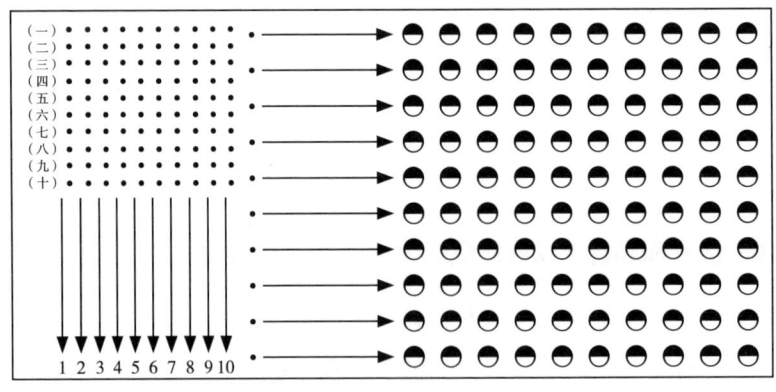

图3-34

---

[1] 蔡福全.学校队列队形教学[M].北京：北京教育出版社，1992：89-97.

三、创新队列队形的思路与方法

（一）创设情景，激发参与兴趣

常规的队列训练方法是集合整队整齐报数，然后是反复的立正、稍息、向左转、向右转、齐步走、跑步走等训练，教师按部就班的教学方式常使学生感到无趣，从而失去了队列队形练习的兴趣和乐趣。那么在新课标理念指导下，教师在授课中不妨采取创设情景的方法激发学生学习兴趣，活跃课堂氛围。

（二）游戏竞赛，体验运动魅力

每个人都希望在竞赛中取得胜利，中学生活泼好动、好胜心强，教师应及时鼓励活跃课堂气氛，培养学生积极参与游戏并自觉遵守队列游戏规则，如立正——稍息、向左转——向右转、蹲下——起立。另外，可以设计一些竞赛性游戏，增强队列训练趣味性、有效性。例如，在"集合——解散"训练中，可以把全班分成几个小组，围成几个简单的图案，在解散状态下，听到集合哨声时，看哪个小组队员集合速度快，队列整齐，看哪一个小组集合精神面貌好，听哪一个小组队员报数整齐洪亮。评选好的队伍，及时鼓励予以表扬[1]。

（三）因材施教，降低动作难度

教师在上体育课传授知识和技能的同时，根据学生身心特点，因材施教。队列训练是兵式体操的一个部分，然而在实际教学中，这种军事化的要求对中学生来说不完全适用，那么老师在设计教案时对训练内容的难度就要考虑小学生好动、精力不集中等因素，既不是随心所欲，想练什么内容就练什么内容，想练多长时间就练多长时间，也不要全然不顾学生实际情况，一味高标准严要求，这样可能会使学生因身心压力产生厌学情绪，不利于教学活动的正常开

---

[1] 王铮.浅谈体育队列队形的教学方法[J].新课程（教育学术），2012（2）：75.

展。教师要尽量根据学生自身实际情况和教学常规要求加以调整，让学生既做到尽力又要量力而行。如在训练齐步跑步的行进与立定时，教材中对摆臂出脚的长度、高度、角度等都有严格规定，可是这种空间感立体感较强的动作，对中小学生来说较难达到，而且对动作刻意强调，会使学生注意力分散，进而影响整个动作的准确性、规范性。学生会对队列望而生畏，产生排斥、抵触、厌烦情绪，面对这些难点，老师要降低动作难度，使学生易于做到。如摆臂时，学生能做到双臂自然摆动，动作协调，姿态美观即可。所以中小学生的队列训练要适时、适量，让学生在训练中有兴趣和自信，才能使教学得以顺利进行，取得好的训练效果[1]。

（四）善于表扬，领悟体育的意义

体育教师在设计队列训练内容时，要尽量树立学生学习的信心，尽量让学生成功多于失败，成功时及时给予表扬和肯定，培养他们对成功经验的重视，失败时不轻易责怪学生，帮助他们分析、查找原因并积累经验，促使学生在积极愉快的情感支配下，刻苦训练，不断进步。

本章小结

队列队形是一种军事或体育训练中的基本形式，它涉及一系列的规则和步骤，可以培养纪律性、秩序性和团队精神。在体育课堂教学中，队列队形被广泛用于日常训练和仪式，而在体育比赛中，它也是比赛开始和结束时的一种常见形式。在本章中，我们讨论了队列队形的内容、分类、教学方法、教学要求、教法提示与指挥，以及队列队形练习的口令和基本术语，可以帮助学生更好地掌握队列队形的技巧，并在实践中不断提高自己的表现。同时，提供了一些创新队列队形的思路和方法，让大家体会到队列队形基本规范学习在体育教学和训练中的重要性。队列队形不仅有助于提高个体的纪律性和秩序感，还可以增强团队之间的协调和合作。通过学

---

[1] 潘一峰.小学体育队列队形教学之我见[J].新课程学习（上），2012（2）：54-55.

习队列队形，读者可以了解队列队形的基本术语、如何准确执行口令以及如何在团队中与他人合作。总之，队列队形是一种重要的训练形式，通过学习和实践队列队形，助力读者在各种场合中展现出更好的精神风貌和团队形象。

思考题

1. 如何在新课标理念的指导下进行队列队形教学，有效完成体育教学任务，提高体育与健康课程的教学质量？
2. 队列队形在体育课堂中的价值如何体现？
3. 把队列队形课堂教学作为一个系统，思考各要素的设计及相互关系。
4. 熟练掌握各种队形变化的口令和基本术语。

第四章
体育课堂中哨子使用的基本规范

在体育课堂中，大部分口令需要通过口头语言传达。然而，由于体育课通常在室外进行，教师需要发出洪亮、铿锵有力、清晰明了的声音，以便在开阔的教学环境中传达指令。长时间的体育课容易导致体育老师嗓子不适，因此哨子的出现为体育老师带来了福音。哨子可以代替口头语言传达指令，从而减少教师的语言。通过本章学习，学会通过正确且规范的哨子指令和手势控制调节课堂的节奏和气氛，为学生提供更多活动空间，保证课程的连续性和完整性，使学生在轻松、愉快的情境中完成学习任务[1]。

第一节 哨子的概述

哨子是一种最常用的教学工具，也是不可或缺的教具，可以用于指挥学生的队伍、动作、练习节奏等。由于哨子具有声音大、声音清晰、传播迅速等特点，它可以促使学生有效地接收教师的指令，确保整个课堂及训练能够顺利进行。现代的哨子通常由金属、塑料或木材制成，常用于体育比赛、救援行动、警报信号、音乐演奏等方面。

一、哨子的来源

（一）国内体育运动中哨子的出现

中国传统的哨子被称为"竹哨"，它的历史可以追溯到几千年前。在古

---

[1] 张祥林. 口哨和手势的正确使用[J]. 中国学校体育，2001（1）：27-28.

代，竹哨被广泛用于宗教仪式、民间婚礼、喜庆活动等场合，被认为能够祛邪驱鬼、祈福消灾。在历史上，不同地区和民族也会制作出各种不同形状和音色的竹哨，如云南的芦笙、江苏的陶笛、广西的葫芦丝等。现代的哨子也在不断发展和变化，如采用塑料制作的哨子、采用电子技术的电子哨子等。

据记载，我国最早在体育课中使用哨子是在20世纪初。当时，西方的现代教育体系开始在我国传播，引进了许多现代体育课程和教学方法，其中包括使用哨子作为指挥工具。此后，哨子逐渐被广泛应用于体育教学，成为教师们指挥学生活动和控制课堂秩序的重要工具之一。如今，使用哨子已经成为我国体育教育中的一种常规做法，是体育教师课堂教学中不可或缺的工具之一，且哨子在训练和比赛中也扮演着重要角色。

（二）国外体育运动中哨子的出现

哨子的起源可以追溯到古代文明。在古希腊和罗马帝国时期，哨子被用作指挥信号的工具。在中世纪，哨子被广泛用于军队和狩猎。随着时间的推移，哨子的形状和用途不断发展和变化。国外在体育领域中使用哨子起源于英国的足球比赛。19世纪末，英国体育运动开始逐渐规范化，当时的足球裁判员在比赛中使用的主要工具是一把铜制的哨子，因为它的声音清晰、响亮，可以有效地传达裁判员的指示和决定，于是其他国家的体育运动也开始效仿英国，采用哨子作为裁判员的工具，后来教师将其作为辅助工具出现在体育课堂教学中。

二、哨子的进化史

在现代体育赛场上，各种现代化、电气化的体育设施层出不穷，但裁判手中的哨子基本还像原来一样"朴实无华"。

"豌豆哨"作为各种体育比赛的裁判用哨，已有100多年的历史。它的原理十分简单，将软木加工成豌豆状小球，植入哨子体内，在吹奏时气流会形成边棱音。气流被哨子出口缝隙锋利的边缘分割成两部分，一股直接从缝隙冲出发出声音，另一股则在腔体内回旋并推动小球，当气流从缝隙冲出时就会再次加强声音。同时，小球的来回运动会扰动气流，使哨子发出独特、清脆的声音。

但是，这种传统的"豌豆哨"也存在弊端。其一，内部小球的运动限制了哨子发声的力度，在人声鼎沸的运动场上，哨音常常被现场的各种噪声淹没；其二，由于豌豆球的体积较小，如果小球被弄湿或冻住，就会影响其运动，从而影响哨音。如果吹哨时用力不当，很容易使豌豆球卡在哨壁中，导致哨子发不出声音，俗称"哑哨"。而这是教学和比赛中的重大事故，甚至会导致教学和比赛中断。

于是，人们对"无豌豆"哨子的呼声越来越强烈。加拿大人查克·谢泼德（Chuck Shepherd）、罗恩·福克斯克罗夫特（Ron Foxcroft）等人根据长期的调查研究发现，要想发出和"豌豆哨"一样的声响，需要三个腔室，还分别需要一个高音、低音和中音部位，经过复杂的合奏，才能发出尖锐的声音。后来，他们从教堂管风琴的腔室中找到了灵感，摸清了其设计原理，并造出了原型哨。再后来，他们又想到了一个惊人的创意，将腔室像折纸一样折叠起来，这样便可以大大缩小哨子的体积，腔室折叠后增强了声音传播的集中性，这样的哨子的音量远大于传统的"豌豆哨"！现在，我们已经在教学和比赛中普遍使用这种"无豌豆"的哨子（也称无核哨）。

三、哨子的发声原理

哨子是一种依靠边棱振动发声的气鸣乐器。气鸣乐器，顾名思义是指以空气为激振动力而发声的乐器。在气鸣乐器中，其发声方式主要有边棱音和簧振动两种。哨子发音属于边棱音，当气流以一定的角度冲击吹孔对面的锐棱，会经过一个狭窄的通道，这个通道会使气流加速，并形成一个低压区，气流分隔为两股交替分裂的旋涡而形成空气层脉动，当气流在低压区遇到阻碍时，它会发生反弹并产生振动，从而引起哨子内空气的振动，这种振动会使得哨子发出声音。这个声源带被称为边棱音。

哨子的发声频率受多种因素影响，其中最主要的因素是哨子的形状。而在哨子的形状中，哨子的尺寸是主要因素。吹哨子时，流过哨子口的气流速度也会影响哨子的发声频率，气流速度越大，发声频率越高。此外，改变出气口尺寸也可以改变哨子的发声频率。

四、哨子的类型

哨子的种类多种多样，不同的划分标准其种类也不相同。按哨子有无核分为有核哨、无核哨；按哨音所包含的单音数目分为单音哨、双音哨和三音哨；按哨子的制作材料分为金属哨、塑料哨和焦木哨；另外还可以按哨子的样式等分类[1]。

（一）有核哨子

有核哨子又称为"豌豆"哨子，是一种常用的哨子，指哨子的内部有一个核，通常由豌豆状木质、塑料或者金属的小球制成。有核哨子的优点是声音响亮，容易吹响，适合在嘈杂的环境中使用，能够有效引起学生的注意。同时，有核哨子还可以通过更换哨子内部的核来改变声音的音调和音量，以满足不同的需求。此外，有核哨子相对于其他类型的哨子，易于吹响、容易上手。并且有核哨子的价格比较实惠。缺点是容易卡住，有核哨子的设计使得它容易卡住或堵塞，需要经常清洁和维护；不易清洁，有核哨子内部的结构比较复杂，不易清洁，容易滋生细菌；声音单一，相对于其他类型的哨子，有核哨子只能发出单一的音调，因此在需要多样化信号的场合可能比较局限。

（二）无核哨子

无核哨子是一种相对较新的哨子设计，与传统的哨子不同，它没有核。无核哨子通常由一种特殊的材料制成，可以发出清晰而响亮的声音。优点是安全，无核哨子不会因为球心脱落或者冻住而卡住，因此更为安全；易于清洁，由于没有核，无核哨子的内部结构更为简单，更容易清洁和维护；寿命长，无核哨子不容易因为球心脱落或损坏而失效，因此寿命更长。缺点是需要更大的力气，由于无核哨子没有球心的支撑，因此需要更大的力气才能吹响；价格较高，相对于带有球心的哨子，无核哨子的价格会更高一些。

---

[1] 尚保春.体育教师使用哨子的方法与技巧［J］.体育师友，2007（2）：56-57.

（三）金属哨子

金属哨子是一种常见的哨子类型，通常由金属材料制成。它可以发出响亮而清晰的声音，因此在体育比赛、教练员培训和其他需要传达指令的场合中广泛使用。金属哨子的声音相对较大，使用起来也比较方便，但是需要保持清洁，以免影响声音质量。此外，由于金属哨子的外观和质量不同，价格也会有所不同。

（四）塑料哨子

塑料哨子是一种常见的哨子类型，通常由塑料材料制成。它能够发出响亮而清晰的声音，因此在体育教学中也广泛使用。相对于金属哨子，塑料哨子更加轻便，价格也相对较低。此外，塑料哨子不易生锈，也比较容易清洁，因此更适合在潮湿的环境下使用。不过，由于塑料哨子的材料不同，品质和价格也会有所不同。

（五）焦木哨子

焦木哨子是一种以焦木为原料制成的哨子。焦木是一种硬质木材，具有坚硬、耐用、防潮等特点，因此制成的焦木哨子也具有相应的特点。焦木哨子的声音相对较为柔和，不会像金属哨子那样刺耳，同时又比塑料哨子更耐用，不易损坏。焦木哨子通常用于足球、篮球、排球等球类比赛中，也适合用于户外运动和旅游等活动中。由于焦木哨子的材料和制作工艺不同，品质和价格也会有所不同。

（六）电子哨子

使用电子元件发出声音，通常具有多种音调和音量。电子哨子常用于体育比赛和训练中，可以发出清晰而连续的声音。

除了上述类型外，还有其他特殊设计的哨子，如哨子指导器、双管哨子等，它们在特定的场合或活动中有不同的用途和功能。选择哪种类型的哨子取决于具体的需求和个人偏好。

五、哨子的作用

哨子可以发出一种响亮而高亢的声音，也可以发出舒缓而流畅的声音，体育教师通过哨子发号施令、科学指挥，对提高教学质量、培养学生技术动作的节奏、帮助学生体会和掌握动作要领、控制竞赛节奏和减轻体育教师的工作负担等有很好的辅助作用。采用哨声提醒和指挥，不仅能保护教师的咽喉与口腔卫生，减轻教师的工作负担，节省时间，而且能更好地集中学生的注意力，促使学生认真进行练习，有效地提高体育课堂教学的效果[1]。

（一）发出指令和提示

体育课主要在空旷的室外进行，课堂周围的外界环境较室内复杂，学生容易受到干扰，因此，在集合队伍、练习开始、暂停、终止以及改变练习方式等教学环节上，用哨音发出指令，使学生能够迅速理解教师的指挥意图，保证整个教学过程有条不紊地进行[2]。同时可以引起学生的注意，起到提示作用。体育教师运用哨子做到哨声振动灵活、控制自如、有节奏感，哨音悦耳动听、声中有情，不仅能丰富教师的教学语言，还能提高学生的兴奋度，以激发学生参与运动的热情。

（二）约束与规范

哨子可以被用于维持纪律，监督学生规范行为。在体育课堂上，同学们往往会按照教师安排的练习内容，进行有序的练习活动，充分地展现自我，发展个性。但是难免会有个别学生违反课堂纪律、扰乱课堂秩序或出现不利于同学

---

[1] 项为人.正确发挥哨子在体育教学中的作用[J].中国学校体育，2013（S1）：162.
[2] 林东葵.体育教师的得力助手——哨子[J].体育师友，2016，39（13）：11-13.

们学习和活动的行为。此时，教师可以通过哨子发出短促连续的哨声及时加以制止、警告或提醒，这样不仅能确保教学的正常进行，而且能使学生逐步养成团结友爱、互相协作、遵守纪律的良好行为习惯[1]。同时，在学校组织的比赛中，哨子也可以被用来约束学生的行为，警示犯规行为，确保比赛的公平性和纪律性。

（三）控制比赛或训练的进程

在练习或比赛时，体育教师可以通过一声哨声开始练习或比赛，再用一声哨声停止练习或比赛。

控制时间：体育教师可以用不同的哨声频率和长度表示练习或比赛的时间。例如，体育教师可以用连续吹短促的哨声，以表明训练或比赛马上结束；或者长时间吹哨，以表明练习或比赛进入下一阶段。此外，还可以使用计时器或记分板等设备结合哨子用于控制时间。

交替执行任务：在某些体育场合，比如练习和比赛中，要求学生在不同的任务和训练中不断交替和转换，这时体育教师可以通过改变哨声的频率和次数，以及不同的哨声组合，传达出这些交替和转换的信息。

总之，体育教师可以通过控制哨声的强度、频率、长度和次数，来控制比赛或训练的进程和时间，以遵守规则、提高效率和确保信号通畅。

（四）保护作用

在体育课堂中，受室外环境嘈杂等因素的影响，体育教师在组织教学的过程中会相应提高音量，长期超负荷地使用嗓子会引起慢性咽喉炎等疾病。但若能合理使用哨子，不仅能保护嗓子，还能在某种程度上减轻体育教师的工作负担[2]。体育课中，学生需要进行各种体育运动和活动，哨子可以起到提醒和警告的作用。

[1]尚保春.体育教师使用哨子的方法与技巧[J].体育师友，2007（2）：56-57.
[2]林东葵.体育教师的得力助手——哨子[J].体育师友，2016，39（13）：11-13.

第二节 体育课堂中哨子的使用规范

一、哨子的使用要求

鸣哨时，首先将哨子嘴放入口中，用上、下切牙咬住哨嘴上下凸缘的内侧，松紧度以鸣哨时哨子不被气流从上下牙齿间吹脱为宜，舌尖稍用力堵住哨口，上下嘴唇包紧哨的颈部，谨防漏气，胸腹部肌肉用力收缩，使胸腔内的压力增大，同时，鼻腔闭气，口腔两侧的肌肉紧收，形成向外吹气之势；然后，舌尖突然后缩打开哨口，使气流进入哨中，吹响哨子，音量的大小由吹气力量而定[1]。如要终止鸣哨，舌尖再次堵住哨口；如要间断性鸣哨，吹气时舌尖只要反复堵住和打开哨口即可[2]。

吹出清晰明确的哨声需要平时进行哨声练习，不断调整和改进自身的吹哨技巧和方法。同时，在体育教学中，也要不断尝试和实践，逐渐掌握技巧与方法。只有经常练习、细心琢磨，体会出哨子的发音规律，才能运用得当，灵活自如。每当教师使用一种新的哨音节奏，都要事先向学生示范，使学生听懂哨音的节奏和规律，这样才能达到师生之间的信息沟通。

二、哨子的使用原则

吹长音时，采用胸腹式联合呼吸法，气运丹田，充气量大，哨子声音浑厚，雄壮有力。吹短音时，要用舌尖紧顶进风口，根据所需哨音节奏，使舌尖有节奏地伸展、收缩，控制哨子的进气量和时间间隔。如哨音需要变化，可以改变吹气力度和指压出风口的方法进行控制。正确的姿势和技巧也是哨子使用的重要方面。在吹哨前，应该先做好呼吸准备，并保持正确的姿势。通常需要将哨子放在嘴唇之间，然后用力吹响。在吹哨时，需要注意力度的掌握，尽量

---

[1]尚保春.体育教师使用哨子的方法与技巧[J].体育师友，2007（2）：56-57.
[2]项为人.正确发挥哨子在体育教学中的作用[J].中国学校体育，2013（S1）：162.

避免出现过度用力或者吹声不足的情况。

（一）改变哨声的频率

体育教师可以通过调整吹气的力度和频率来改变哨声的频率。吹气越轻，哨声越轻柔，反之哨声越刺耳。若想要改变哨声的音色和音高，可以使用不同的音调器改变哨声的频率。

（二）改变哨声的长度

通过吹哨的时间来达到改变哨声长度的目的。体育教师可以短促地吹哨，表示一些需要短时间内迅速应对的情况；而长时间吹哨，表示应保持警惕并且做好准备。

（三）改变哨声的次数

哨声的次数可以通过连续吹多个哨声来调整。重复吹发出持续哨声可以任意拉长时间，也可用短促连续短哨声来表示紧急情况。

总之，体育教师可以通过控制哨声的力度、频率、长度和次数传达不同的信息和指示，以指导学生进行训练和比赛。

三、哨子在体育课堂教学中的使用

在体育课堂教学中，哨子的放置也应有讲究。哨子需用软绳系好，挂在颈部。绳的长度适中，使哨子悬挂在第三至第四纽扣之间，这样既方便使用，又避免哨子在胸前大幅度摆动。平时可挂在胸前，能衬托出教师的端庄仪表；吹讲兼之时，讲课中置于手中，吹哨时才含于口中；教学比赛（特别是球类比赛）时多含口中，一则可及时鸣哨，二则以利于作出准确、清晰的手势；做器械和投掷等项目的示范时，为了不影响示范效果，应将哨子离身并妥善地放于他处，但切不可乱扔乱丢。教师在做技巧前滚翻、杠上翻转或其他剧烈的示范动作以及做体操教学中的帮助与保护时，要将哨子摘下，以免影响教师的教学动作[1]，保证教师和学生安全。结合日常体育课堂教学实际，本文将常用动作的哨声总结如下，供参考（表4-1）。也可结合自己的习惯和工作实际进行适时调整。

表4-1 体育课堂常用的哨声

动作	哨声	文字描述
全体集合	"滴-滴—"	短加长
解散	"滴—"	一声长哨
四路纵队集合	"滴-滴—"	短加长
四列横队集合	"滴-滴—"	短加长
结束练习	"滴—滴滴"	由高到平缓长音+短促两声
提醒提示	"滴-滴-"	短促两声
紧急提示	"滴-滴-滴-滴-"	短促四声
暂停练习	"滴-"	短促一声
起立	"滴—"	长哨一声
蹲下	"滴—"	长哨一声
返回	"滴-滴—"	短加长
交替交换	"滴-滴-"	两声短哨
起跑	"滴-"	一声短哨
齐步走1-2-1	"滴-滴-滴"	强弱强
跑步走1-2-1	"滴-滴-滴"	短音，速速紧凑
齐步走立定	"滴—滴-"	长加短
跑步走立定	"滴—滴-"	长加短
走跑交替	"滴-滴—滴-滴—"	长音代表走，短音代表跑

---

[1] 韩笑梅.浅谈口哨在体育教学中的应用[J].课程教育研究，2016（10）：203-204.

（一）队列练习

队列练习通常由教师下达口令，学生操练。在此过程中课堂略显枯燥单调，易疲劳。若口令与哨子交替使用，可以活跃课堂气氛，吸引学生注意力，使学生的思想集中到课堂教学中，有利于增强学生练习队列的兴趣。在队列队形的练习中，一般主要以向左转、向右转、向后转为主要练习内容，在练习这三个方向转动的过程中，教师也可以利用哨子，比如，"滴-滴——滴-"声音由低到高，第一声短音，第二声长音，第三声短而响亮，表示向左（右、后）转，因为哨音吹出来的音调是一个样的，所以教师需要每次练习之前先说清楚练习的内容。如练习齐步走、正步走、跑步走，吹哨子时第一次可以使用"1-2、1-2"的节奏（节奏变化少）；第二次可以使用"1-2-1、1-2-1"的节奏（节奏略有变化）；第三次可以使用"1、1、1-2-1、1-2、1-2、1-2-1"的节奏（节奏变化多）；第四次可以把前几种变化组合起来使用（变化很多），产生不同效果。在跑步过程中学生可以喊"1、2、3、4，1-2-3、4"的口号，提高兴奋性，活跃课堂氛围[1]。

（二）做操

做徒手操、广播操时，教师在下达"预备——起"的口令后，可以用哨子通过哨音节奏的变化，吹出1至8拍节奏（滴-滴-滴-滴-，滴-滴-滴-滴-），用哨音指挥做操，如某些动作要求用力或强调动作幅度加大，在吹出那个节拍的节奏时，可以通过加大哨音的音量或延长哨音时间作出指示。带领学生做操的哨声[2]，应为圆润中强的持续音，节奏鲜明，并可根据动作要求，特别是弧度较大的动作，吹出简单适用的弧形音节，通过加大哨音的音量或延长哨音时间作出指示[3]。

---

[1] 林东葵.体育教师的得力助手——哨子[J].体育师友，2016，39（3）：11-13.

[2] 陈海燕.巧用哨子，吹活体育课堂[J].家长，2021（32）：14-15.

[3] 韩笑梅.浅谈口哨在体育教学中的应用[J].课程教育研究，2016（10）：203-204.

（三）集合与解散

体育课的集合与解散，学生在操场的四面八方，哨声传的比较远，学生听到哨声能快速到指定地点集合。

体育教师的哨子应及时、果断、响亮，通过哨声的长短、轻重、缓急的变化，使学生能分辨出课堂上发生的不同情况。

①队伍集合：一声短音，一声长音（滴-滴—）。
②练习开始：一声长音响亮（滴—）。
③提示注意：两声短音洪亮，有爆发力（滴-滴-）。
④交换练习：两声短音（滴-滴-）。
⑤练习结束：一长两短，由高到平缓长音+短促两声（滴—滴滴）。

鸣哨后，体育老师的手势要及时，动作果断，明确大方，使学生能分辨出老师的意图和安排。

①横队集合：左手握拳屈肘于左前额，拳心向内，学生按老师拳指高低，依次从高到低顺序横向排列。
②纵向集合：左手握拳屈肘于左前额前，拳眼向内，学生按老师拳指高低，依次从高到低顺序纵向排列。
③分队练习：两臂侧平举，拳心向下。
④提示注意：两臂前平举，成立掌，指向发生问题的地方或学生。
⑤交换练习：两臂上举五指并拢，拳心向前，左右摆动。
⑥结束练习：两臂上举，握拳前倒，指向规定集中的地方[1]。

（四）其他

教师还可以用哨音强化某些教学要求，提高体育课堂的教学效果。如学生在练习快速跑或耐久跑的全程跑接近终点时，教师可以及时多次急促短音的节奏，吹出"滴-滴-滴-滴"的快节奏的连续短音，再配合手臂的多次快速挥

---

[1]张祥林.口哨和手势的正确使用[J].中国学校体育，2001（1）：27–28.

手,发出指令,激励学生,鼓起勇气,克服疲劳,快速冲刺,跑过终点[1]。

体育游戏是体育课堂教学的重要组成部分,在教学中做好游戏的各项组织工作,才能使游戏教学获得良好的效果。在游戏环节,哨子的利用率相对较高,教师可以吹哨子"滴滴——!"声音由低到高,急促两声,警告、制止那些违反课堂纪律的学生。同时在游戏过程中,有些学生会出现错误或犯规的现象,这时教师可以吹哨"滴滴"平缓短促两声,提醒出错的学生注意或暂停。最后"滴滴——滴——!"声音由快速连长音,快速集合整队,再进行基本部分的练习[2]。

在教学实践中,短促、清脆、响亮的哨声可以替代教师的指导性口令。如在一节蹲踞式跳远的教学中,很多学生出现在接近踏板的时候,降低跑步速度的现象,所以针对这一点,教师可以在学生起跳踏板前的一瞬间,用"滴"一声急促的哨声来刺激强化学生的起跳意识[2];又如在一场篮球基本步伐教学的练习中,教师可以用哨子指挥学生做快速的急起急停、转身、滑步、冲刺跑、后退跑等步伐练习[3]。

在体育课的结束部分,学生的情绪极易松懈,教师更不能忽视此时的组织教学,应采用一些调节情绪和恢复体力的放松性练习,保持学生兴趣。如在进行放松练习时,教师可以利用哨子的节奏引导学生拍打身体的各个关节,哨声不仅有效地缓解了课堂气氛,而且也给教师一个很好的缓冲。同时,教师在带领学生一起做放松操时,可以利用哨子"滴"一声来提示学生转换动作[4]。

四、哨子在比赛中的使用

教学比赛的哨声应及时、果断、洪亮,不可拖泥带水,留有尾音。否则易引起学生产生错觉而导致情绪波动,产生干扰,不利于教学比赛正常运行。

①改变音量:增加音量可以用于传达紧急情况下的警告,减小音量则可以

---

[1]韩笑梅.浅谈口哨在体育教学中的应用[J].课程教育研究,2016(10):203-204.

[2]陈海燕.巧用哨子,吹活体育课堂[J].家长,2021(32):14-15.

[3]项为人.正确发挥哨子在体育教学中的作用[J].中国学校体育,2013(S1):162.

[4]王建强.农村中小学作文教学现状与对策[J].华夏教师,2020(8):47-48.

用于传达缓慢的信号，例如，开始和结束信号。

②改变音调：改变音调可以用于传达不同的信息，例如，高音调可以表示违规或者越界，低音调可以表示比赛开始或暂停等。

③改变哨声的时长：短的哨声可以用于传达通知或指令，例如，在比赛中使用短哨声来表示球员违规，长的哨声可以用于传达暂停或结束的信号。

④改变哨声的次数：哨声的次数可以用于传达不同的信息，例如，两个连续的短哨声可以表示球员违规，三个哨声可以表示比赛结束等。

体育教师可以根据不同的情况和需要，灵活变换哨声，传达出不同的信息和指令，提高比赛的效率和准确性。

五、使用哨子时的注意事项

（一）选择合适的哨子

1. 声音清晰响亮

哨子的声音和音质是选择的关键因素之一。在体育课堂教学和比赛中，哨声太小或者音质不清晰会影响教学效果和比赛结果。选择哨子时，要选择声响清晰、响亮的，这样才能让学生听得清楚，及时作出反应。

2. 稳定性好

哨子的稳定性也很重要。体育教师需要选择稳定性较好的哨子，否则可能会出现哨音断断续续的情况，影响学生的上课效果。

3. 耐用性高

哨子的耐用性也是需要考虑的因素之一。目前市场上主要有金属、塑料、橡胶等材质的哨子，近些年又出现了电子哨子。金属哨子、电子哨子声音大，但是价格较高，塑料哨子则价格较为实惠，但是音质和耐用性不如金属哨子，电子哨子省力方便，但耐用性不如塑料哨子。另外，哨子的表面材质也需要注意，一些表面光滑的哨子使用时容易滑落。

4. 安全性高

教师要选择安全性高，不易损坏的哨子。例如，选用带护齿的哨子，确保学生和自身的安全。

（二）切勿过度使用

教师在体育课堂教学中使用哨子，一定要注意把握吹哨时机，切勿滥用。任何事物都有双重性，物极必反，如果无节制地使用哨子，就会形成一种噪声，使学生厌烦。过度使用哨子可能会对体育教师和学生的健康造成负面影响。长时间吹哨子会导致喉咙疼痛、声带受损甚至失音，还可能引发其他呼吸系统问题。此外，频繁吹哨子可能会给学生带来不必要的压力和焦虑感，影响他们的体验和表现。因此，体育教师应该尽量减少哨子的使用，或者使用一些可替代的信号方式来指导学生。

（三）调整音调与哨声

哨子要与口令、掌声、手势、指挥旗等其他的听视觉信号配合使用。吹哨子时注意师生之间的距离，在离学生近的地方不要大声吹哨子。

体育教师应尽量避免在学生面前使用过于刺耳或高频的音调和哨声，这可能会给学生带来不适和压力。如果需要使用哨子或发出声音来指导学生，可以考虑调整音调和哨声的强度和频率，使其更加柔和和舒适。此外，体育教师可以与学生进行沟通，询问他们对于指令和信号方式是否有特殊的需求或偏好，以更好地满足学生的需要。

有关部门测定，体育课中哨子的最大音量可达到100分贝，正常生活中的音量以60分贝左右为宜，超过85分贝会影响正常生活和工作。而体育课中100分贝的哨音如果频繁使用，会损坏师生的听力，影响心血管、神经、消化系统的功能。所以体育课中要合理使用哨子，该吹则吹，该停则停，巧妙使用，则能指挥调动"千军万马"，增强教学效果[1]。

---

[1] 韩笑梅.浅谈口哨在体育教学中的应用［J］.课程教育研究，2016（10）：203-204.

（四）注意哨子的卫生

1. 个人卫生

使用哨子前应先洗手，并确保自己口腔干净，做到专人专用，不外借，以免传播口腔疾病。

2. 定期清洗

每次使用后，应定期对哨子进行清洗和消毒，以确保其卫生和正常使用。在上课、比赛和训练结束后，应该将哨子用清水冲洗干净，并在必要的情况下使用消毒液进行消毒处理。如果哨子内部有积垢或者污渍，可以使用刷子进行清理。

3. 定期更换

哨子是一种损耗品，长时间使用可能会出现松动、变形等问题。如果哨子发生了以上情况，则需要及时更换哨子。另外，对于经常使用哨子的人员，建议每年更换一次哨子，以确保哨子的性能和使用安全性。

4. 存放干燥

哨子应存放在干燥通风的环境中，以避免细菌滋生。

5. 妥善保管哨子

哨子需要妥善保管，在存放时需要注意防潮、防晒和防尘。通常可以将哨子放在密闭的盒子中，以防止灰尘和其他物质进入哨子内部。另外，要避免哨子长时间暴露在阳光下或者高温环境中，以免对哨子的材质和声音产生不良影响。

第三节 哨子使用示例

哨子是裁判员临场执裁时主要的工具之一，哨声是裁判员的语言，它可以制止某些事件发生、控制比赛气氛、显示裁判员威严。所以，研究探讨如何运用好哨子，是很有必要的[1]。

哨声是裁判员控制一场比赛的主要信号，它不仅是比赛行止的命令，而且哨声运用得是否准确及时、清晰果断，往往会影响运动员和观众的情绪。准确及时的哨声，必然引起场内外人员的共鸣，提高对裁判员的信服感；反之，准确性差、哨声响的不是时候、多余的哨声充斥于比赛中，必将招致场内外的厌恶和反感。因此，作为裁判员，一哨在手，应当充分意识到每一声哨都关系着整场比赛[2]。

一、足球裁判员哨子运用示例

（一）比赛进行中必须鸣哨的几种情况

根据比赛的需要，尽量减少不必要的哨声。目前在国内足球比赛中，对必须鸣哨的几种情况及对哨声的要求统一如下。

①比赛开始（包括某队进一球后重新开始比赛）。一声哨，哨声稍长。

②比赛时间结束（包括上半时或全场比赛结束）。一至两声短促哨，接一声长哨。

③判某队进一球，一声长哨（现在不再要求必须鸣哨，除非是有争议或者是不明显的进球，例如，球进入球门后被碰出或者弹出球门，这样必须鸣哨）。

④执行罚球或点球。一声哨，哨声稍长。

⑤场上发生犯规或其他情况，裁判员暂停比赛时，应及时鸣哨。

除以上五种情况外，如球出边线或端线成死球，以及踢任意球、球门球、角球、裁判员坠球等恢复比赛时，需鸣哨。球已越出边线或球门线，而队员尚未停止比赛活动，裁判员应鸣哨示意球已出界。在执行定位球恢复比赛时，有不符合规则规定的现象，裁判员予以纠正时，可以简短的哨声示意。在守方罚

---

[1] 李小兰，王伟.最新球类运动规则与裁判法［M］.北京：新华出版社：2015，12：289.

[2] 冉强辉.浅论排球运动员的意志品质［J］.上海体育学院学报，1983（1）：23-27.

球区附近或罚球区内由攻方踢任意球时，裁判员在纠正守方队员退到距球9.15米的过程中应向双方交代明确，待纠正后再以信号恢复比赛，这种信号可以用哨声或用明确手势示意。

（二）鸣哨的方法与要求

如前所述，哨声是裁判员使用的主要信号，必须准确及时，清脆果断。哨声虽不能代替复杂的语言，但在很大程度上足以表达出裁判员在进行判决时是否坚毅果断，信心十足。一般来说，对裁判员哨声的要求，是在判罚及时准确的基础上，鸣哨清脆有力，强弱适度。如比赛开始、比赛结束或判某队进一球的哨声应稍长，但也应适度，过长就会使人感到多余而讨厌。又如，判罚犯规的哨声应根据犯规的轻重程度有所区别，如一般犯规，只需长短适中，清脆有力的一声哨即可；如出现粗野、严重的犯规，就以突发性的有力强音，显示出规则不容触犯的威严，虽未使用语言，却要向犯规队员表达"该犯规已被警告，不可再有下次"这样一种示意，对犯规队员起到告诫作用。

减少不必要的哨声，是裁判员在场上必须重视的一项艺术。要提高哨声的"威严感"，裁判员应首先自我"净化噪声"。有的裁判员在吹判犯规时，习惯于在鸣一声长哨之后连续不断地加以琐碎哨声，有时为了纠正踢定位球地点上一点差误，也是琐碎哨声连绵不断，而且吹得较为刺耳，这种多余的哨声，只会破坏比赛气氛，是不可取的。

（三）裁判员执哨的方法

足球裁判员执哨的方法有两种。一种是将哨子套在颈上，跑动时含在口中。这种方法的特点是响哨快，从决定鸣哨到发出哨声不需要任何准备的过程。缺点是裁判员对激烈比赛过于敏感而猝然响哨，对某些微不足道的犯规，本可以运用有利条款不予判罚，但由于哨声已响无法挽回，另一缺点是将哨含在口中，在奔跑中由于呼吸急促而产生不便。另一种是将哨子吊在腕上，跑动时拿在手中。这种方法的特点是奔跑方便，对跑动中急促的呼吸无影响。当裁判员看到犯规情况至含哨鸣响之前，对是否判罚或运用有利条款，有一瞬间的思考和再观察过程，不致出现一有情况发生就猝然响哨的问题。

以上两种只是执哨方法，各级足联、足协并无统一规定和要求，但经长期实践证明，上述第二种方法具有较为明显的优越性，已被国际、国内裁判员普遍采用。

二、篮球裁判员哨子运用示例

（一）比赛进行中必须鸣哨的几种情况

1. 开始和结束比赛

裁判员在比赛开始前会鸣哨示意比赛正式开始，在比赛结束时鸣哨示意比赛结束。

2. 犯规和违例

当球员犯规或违反比赛规则时，裁判员会鸣哨示意停止比赛，并根据情况判罚相应的犯规或违例。例如，当球员有身体接触造成防守犯规或进攻犯规时，裁判员会鸣哨示意犯规，并做出相应的判罚。当持球队员出现触碰或越过场地边界线，24秒和8秒违例等行为时，裁判员会鸣哨示意违例，并做出相应的判罚。

3. 暂停和换人

当教练请求暂停或换人时，裁判员会鸣哨示意停止比赛，并允许相应的暂停或换人操作进行。这有助于控制比赛的节奏和流程。

4. 特殊情况

当出现计时器未启动、篮筐篮架倾斜、场地进入非比赛人员和物体等特殊情况时，裁判员会鸣哨示意停止比赛，解决特殊情况后由持球方重新发球进行比赛。

这些是篮球比赛中裁判员必须鸣哨的几种常见情况。裁判员的哨声起到了指示、判罚和控制比赛的作用，确保比赛的公平性和秩序性。

（二）鸣哨的方法与要求

1. 哨声

篮球裁判员的哨子分为临场裁判员哨子和记录台哨子，临场裁判员哨子可以是传统哨子，记录台哨子是一种电子哨子，通过按钮触碰发出声音，可以根据需要选择不同的声音效果。两者的声音应该清晰、响亮，并能够被球员和观众听到。

2. 响哨时间

裁判员在判罚或示意后应该迅速鸣哨，以便球员和观众能够及时听到并理解其意图。裁判员需要具备敏锐的判断力和快速的反应能力，以确保鸣哨的及时性和准确性。

3. 手势示意

除了鸣哨，裁判员还会使用手势来配合哨声，以更清晰地传达信息。不同的手势可以表示不同的意思，例如，举手握拳表示犯规、举手伸掌表示违例，指向某个方向表示球权归属等。手势示意可以帮助球员和观众更好地理解裁判员的判罚和决定。

4. 一致性和规范性

裁判员应该在比赛中保持一致性和规范性。这意味着裁判员需要遵守相同的规则和标准，以确保公平和一致的判罚。此外，裁判员还应接受相关培训和考核，以提高其鸣哨技巧和判罚水平。

需要注意的是，具体的鸣哨方法和要求可能会因地区、比赛级别和组织机构的规定有所不同。因此，在具体的篮球比赛中，裁判员需要遵守相应的规则和指导，并与其他裁判员和组织机构保持沟通和协调。

（三）裁判员执哨的方法

裁判员可以使用一个绳子将哨子套于脖子上，方便裁判员随时取用。在比赛中，裁判员可能需要迅速吹哨来传达指令或判罚，因此将哨子套于脖子上可以确保哨子始终处于裁判员的手边，方便随时使用。

三、排球裁判员哨子运用示例

（一）比赛进行中必须鸣哨的几种情况

1. 开始比赛

在比赛开始之前，裁判员会吹哨来宣布比赛开始。

2. 暂停和恢复比赛

当比赛需要暂停或恢复时，裁判员会吹哨通知球员和观众。

3. 判罚

当球员违反了比赛规则或出现其他违规行为时，裁判员吹哨并做出相应的判罚，例如，犯规、出界、触网等。

4. 交换场地

当双方大比分战至2∶2时，决胜局采用15分制。在决胜局，一队先得8分后，两队交换场地，按原位置顺序继续比赛至结束。

5. 比赛结束

在比赛结束时，裁判员会吹哨来宣布比赛结束。

（二）鸣哨的方法与要求

1. 响哨方式

裁判员应使用明确、稳定和一致的方式吹哨，以确保球员和观众能够准确理解和识别哨声。

2. 响哨时机

裁判员应该在适当的时机吹哨，以传达特定的指令或判罚。这可能包括比赛开始、暂停和恢复、犯规、交换场地、得分等情况。

3. 响哨信号

裁判员可以使用不同的哨声信号表示不同的指令或判罚。例如，比赛开始时，允许发球吹长哨；出现死球的情况都要鸣短哨；整场比赛结束时，裁判员先鸣短哨，再鸣长哨。

4. 响哨的决定性

裁判员的哨声应该是决定性的，以确保球员和观众能够准确理解和遵守裁判员的指令。

（三）裁判员执哨的方法

常见的排球裁判员哨子佩戴方式是使用一根绳子或细绳将哨子系在脖子上，以便随时取用。

本章小结

在体育课堂中，哨子作为体育教师重要的教学工具，能简洁、明确、有力地传达课堂教学所需的信号。掌握哨子的正确使用方法，对于提高课堂教学质量、维护课堂秩序具有重要意义。本章从哨子的来源、进化史、发声原理、哨子的类型和哨子的作用对哨子进行概述，并介绍了使用要求、使用原则、教学中的使用、比赛中的使用以及使用的注意事项等哨子的使用规范，另外对足球、篮球、排球裁判员比赛中必须响哨的情况、鸣哨的方法与要求、裁判员执哨的方法做出阐释，通过本章内容能够使读者更加清楚地了解哨子，以便在日后的体育教学中能够更好、更准确地使用哨子。

思考题

1. 体育教师使用哨子的作用是什么？
2. 体育教师使用哨子的技巧和方法是什么？
3. 体育教师如何保养和维护哨子？

第五章
保护与帮助

保护与帮助是体育课堂教学中的必要措施和体育教师的必备技能。通过本章学习,可以了解保护与帮助在体育教学中的意义,掌握体育课堂教学中保护与帮助的方法,并熟悉其运用原则。保护与帮助的方法多种多样,要根据不同的运动项目和学生的实际情况进行选择。作为体育教师,应该充分认识到保护与帮助的重要性,并将其融入体育课堂教学过程,为学生的健康成长提供有力保障。

第一节 保护与帮助的概述

一、保护

(一)保护的定义

保护是指为防止练习中意外事故的发生而采取的安全措施。它包括发生危险时的安全措施、未发生危险时的预防措施、自我保护措施及他人采取的安全措施[1]。

---

[1] 郑成功.浅析体操训练中的保护与帮助[J].体育世界(学术版),2012(11):33-34;53.

（二）保护的分类

1. 他人保护

他人保护是为防止学生由于技术不正确或意外等原因而对可能出现的危险所采取的安全措施，是保护者进行保护的一种方式，是使练习者停止运动、顺应动作速度减速或加速、改变身体的位置避免跌倒或撞击器械而造成损伤的手段。它能使练习者更好地掌握、改进和提高动作技术，更快地建立正确的运动概念[1]。

保护者应根据项目的特点和动作的结构，站在合适的位置，自始至终仔细观察练习者完成动作的情况，做好保护的准备，一旦练习中发生险情，立即运用接、抱、拦、挡等手法，使其停止或减缓运动速度，避免撞击器械或摔倒。

2. 自我保护

自我保护是为防止由于技术不正确或意外的原因而发生的危险，运用特定的技巧摆脱危险。是练习者在出现动作失败时，通过某种技巧缓冲或减小冲击力以避免伤害的一种保护方式。

在体操等项目的器械上练习时，由于技术、器械或护具的问题引发意外时，采用及时终止练习、跳下或坐在器械上、双手或单手握住（抱住）器械，避免受伤的方法叫器械上自我保护。

在体操等项目中的动作练习结束落地失去平衡时，练习者顺势改变动作性质和身体姿势，以减小身体重要部位与地面撞击，摆脱危险的方法叫落地自我保护。例如，落地摔倒时，顺势利用前、后、侧各种滚动或滚翻，以避免受伤。

在自我保护时要注意以下事项：

①进入运动场后先进行充分的热身，激活全身肌肉，活动全身各关节。

②运动前应熟悉了解各器械的使用方法和注意事项。

③请专业教师，掌握正确的运动姿势和方法。如跑步过程中不应用力跺地，避免膝关节因增加受力而损伤。

---

[1] 徐林中，徐宜芬.关于体操教学中的保护与帮助［J］.科技信息，2006（8）：164–165.

④每天的运动量适可而止,不可长时间超负荷运动,刚开始运动者,需要循序渐进。

⑤人体各部位的抗损伤能力不同,当人体跌倒时要首保大脑、次保腰胸、三保两臂、四保腿脚。具体要求是:人体跌倒时,尽可能用两腿先着地,除非在保护大脑和胸腰的情况下(如翻滚、倒栽、前扑等),一般不得用两臂先着地。尽可能避免胸腰摔打地面,任何情况下(翻滚类动作除外)不得使头部着地[1]。

3. 利用器械的保护

利用器械的保护是指某些动作由于时间、空间条件限制,难以用直接助力进行帮助,需要借助专门器械进行帮助的保护手段。如高器械上的飞行动作、空翻动作以及下法动作等。常用器械有保护带、护掌、护套、海绵垫、海绵坑、保护滑车等。使用器械进行保护与帮助,不仅有助于消除练习者的紧张害怕心理,而且可以加快掌握动作的速度。但是,不能因为有了保护器械而麻痹大意,放松安全意识,在器械帮助下因忽视安全而导致的伤害事故也时有发生。因此,在使用保护器械前一定要严格认真检查器械的性能,在运用时,必须全神贯注,切不可粗心大意。

4. 利用环境的保护

利用环境的保护是指在体操等项目的练习中,教师有意识地给练习者营造一个良好的练习环境,帮助其更好完成教学任务的方法。以下是三种常见的利用环境保护的类型[2]。

(1)优化教学氛围的保护

和谐的教学氛围是对练习者提供最有效保护的基础。在体操等项目的练习中,教师要善于营造一种良好的师生之间互动、练习者之间互助的学习氛围,相互信任,相互帮助。

---

[1]张成.自我保护的教学原则与方法[J].中国学校体育,1993(6):22.
[2]朱家雨.浅析体操教学中保护与帮助的方法及意义[J].文体用品与科技,2016(14):81-82.

（2）优化场地布局的保护

体操练习项目多、动作多，且有一定的危险性，所以，对练习场地设备、器械、灯光、亮度、空气流通等方面进行合理的布局和设置尤为重要，这可以最大限度地避免干扰和不适、减少事故隐患、提高学习效果。

（3）优化器材保养的保护

在非练习时间或练习前对各种器材设备进行定期有效的保养和检查，使练习器材始终保持良好的运行状态，也是杜绝伤害事故发生和对练习者最好的安全保障。

（三）保护的方法

练习的保护是指在练习中，练习者掉下或摔倒时，保护者运用接、抱、拦、挡、扶等手法或练习者自身运用改变身体姿势、顺势滚动等方式，缓解和排除危险的方法。

自我保护中，根据人体各关节的解剖特点和生物力学原理，可采用如下方法。

1. 顺关节支撑法

当人体后倒或侧倒着地时，须屈膝坐臀，配合手臂顺撑（手指向前），避免出现直臂反撑。当一足踏在凹凸不平的地方上即将发生扭踝时，可顺势向扭踝足侧屈膝倾坐并顺撑，同时迅速转移身体重心，减少扭踝程度。

2. 顺惯性滚动法

当人体受惯性作用将发生跌倒时，可顺势做滚翻或滚动，以免损伤。如支撑跳跃落地前冲力过大而前倒时，应向前滚翻；落地后倒时，应团身后滚翻，滚翻时肌肉应保持适度紧张。

3. 缓冲着地法

当人体从高处或器械上跌落时，可屈臂、屈膝、屈髋等缓冲着地。

4. 增大支撑面法

人体在跳落或跌倒时，应尽可能增大着地的受力面积，切忌用肘或膝盖着地，如人体从高处或向远处跳落时，两腿应并腿屈膝落地，身体向前仆倒时，须用两臂屈肘双掌撑地，切忌用单腿或单膝撑地。

5. 缓降重心法

在球类竞赛中，当跳起时被他人推倒发生身体后倒时可顺势收腹屈膝降低重心，配合两臂支撑，做屈体后滚动落地（须收颌以防大脑受伤）。

在做器械体操动作失误时，应尽量抓住器械不放，以便借助器械的挂撑转危为安或缓降重心落地。

在爬竿、木梯等高器械上动作失误时，可先紧握器械，待接近地面时推开器械跳落地面或顺势跳滚落地。

6. 改变动作结构法

改变动作构成要素。每个体育动作都有其特定的构成要素，当某个动作失败而出现跌倒危险时，可顺势改变其中一个或几个构成要素，例如，当侧空翻动作失败时，可改为单臂侧手翻落地；当后空翻动作翻不过时，可改为屈腿或屈体或团身后滚翻落地，以摆脱倒栽的危险。

改变跌落动作部位。人体从高处跌落时，可利用小关节（主要是颈部）活动改变下跌动作的着地部位，使两腿先着地。

7. 停止练习或跳下

如运动过程中感到手滑时，应停止练习[1]。

---

[1] 徐超，王文静. 体育活动中自我保护的方法[J]. 体育教学，2005（6）：47.

二、帮助

（一）帮助的定义

帮助是指在练习过程中利用助力、信号、标志物、限制等，协助练习者更快地建立正确的动作概念，更好地掌握、改进和提高动作技术的措施。

（二）帮助的分类

帮助可分为直接帮助、间接帮助和利用器械帮助三种类型。

1. 直接帮助

直接帮助是帮助者直接加助力于练习者，使其更快建立正确的动作概念，更好掌握、改进和提高动作技术的措施。

直接帮助是最基本、最简便、最常用的帮助方法。其一般的方法是帮助者站于合适的位置，运用托、顶、送、挡、拨、拉、扶、推、按、搓等手法，帮助练习者完成动作。不同的项目、不同的动作有不同的帮助方法，要根据具体动作的具体情况灵活运用。直接帮助主要体现在体操项目上，如手倒立练习，刚开始学习时，帮助者应站在练习者的前方，两脚前后开立，两手扶其髋部，前腿膝部顶其肩，帮助维持平衡。

2. 间接帮助

间接帮助是指帮助者不直接给予练习者助力，而是通过信号、标志物和限制物等手段，使练习者掌握正确的用力时间和节奏、体会身体所在的空间方位，尽快地学会动作和提高动作质量的一种措施。

通常语言提示、呼声、击掌声、节拍器等提示练习者的动作要领、幅度、高度，限制活动范围等，使练习者建立正确的空间感受。间接帮助多用于田径和球类项目中，如在排球垫球的移动练习时，教师可采用听信号不同方向的快速起动练习帮助起动不果断、移动速度慢的学生。在垫球时，为了控制学生的稳定性，可使其在规定圆圈内进行练习。

（1）运用信号的帮助方式

运用语言、呼声、掌声、节拍器等，提示用力的时机、加快或减慢动作的节奏。在实际运用时，要注意根据练习者的能力和水平，适当提前发出信号，以便练习者有效地接受并做出正确反应。

（2）运用标志物的帮助方式

通过放置一些安全醒目的物品，指示动作方向、幅度和范围，帮助练习者建立正确的空间感受和掌握正确动作。

（3）运用限制物的帮助方式

通过设置一些安全醒目的物品，提示动作位置、高度和远度，帮助练习者改进动作和提高动作质量。

3.利用器械帮助

利用器械帮助是指在体操课堂教学与训练中，帮助者采用保护滑车、保护腰带、轴承保护带、保护手带以及各种形式的高台和桌、凳等专门的器械，帮助练习者消除害怕心理，正确体会动作要领，提高教学效果的方法。

在体育课堂中，高台是一个非常实用的工具，可以帮助学生体会动作要领。以下是一些利用高台帮助学生正确体会动作要领的例子。

（1）跳高

在跳高教学中，教师可以利用高台帮助学生更好地理解跳高的动作要领。高台的高度可以根据学生的能力进行调整，让学生能够更容易地完成跳跃动作，并逐步提高难度。

（2）投掷

在投掷项目的教学中，高台可以用来提高投掷时的出手高度。学生们可以在高台上进行模拟练习，更好掌握投掷动作的技巧。

（3）跳远

在跳远项目中，高台可以作为起跳线，帮助学生更好体会助跑起跳和腾空动作。学生可以在高台上进行起跳练习，并逐步提高跳远的远度和高度。

（三）帮助的手法

帮助的手法多种多样，在实际使用时要注意其专业性、特殊性和综合性，要有针对地灵活运用。

1. 托

主要通过托腰、腹、臂、腿等部位，使练习者的身体重心升高或接近器械轴，以便完成动作。器械的上法和技巧、手翻和空翻动作均可采用这种手法。

2. 顶

主要通过顶肩，使练习者的肩角充分拉开，有利于增加动作幅度或支撑推手和腾空。支撑跳跃和技巧手倒立类动作常采用这种手法。

3. 送

主要通过托送背、腿等部位，使练习者的身体重心远离器械轴，提高身体动能，获得较大的摆动力量。单杠的悬垂起摆和弧形摆类动作常采用这种手法。

4. 挡

主要通过阻挡腿部，使练习者减慢动作速度，尤其是减缓其翻转速度。单杠支撑后回环和悬垂后摆类动作常采用这种手法。

5. 拔

主要通过顺势拔背、臂、腿等部位，使练习者的回环力量与翻转速度加大。单杠弧形转体下和技巧空翻类动作常采用这种手法。

6. 搓

主要通过两手扶腰搓转，使练习者的身体沿纵轴加速旋转。单杠弧形转体下和技巧直体后空翻转体类动作常采用这种手法。

7. 扶

主要通过扶腰、臂、髋等部位，使练习者的身体重心维持平衡。技巧手倒立和各种器械下法以及跳马落地动作均采用这种手法。

8. 提

主要通过提拉肩、臂、髋等部位，使练习者增强推顶力量或摆脱器械。跳马正腾跃类动作和技巧前滚翻直腿起、屈体后滚翻类动作常采用这种手法。

9. 推

主要通过顺势推练习者背部，使其动作的水平速度加快。技巧滚翻类动作常采用这种手法。

三、保护与帮助的意义

在体育课堂教学和训练中，可能因出现失误产生伤害事故，为了保障练习者的安全，在体育课堂教学中及时施行保护与帮助是必要的。保护与帮助既是加速教学的有效手段，也是学习难度动作的必要措施，同时，对培养学生团结互助的集体精神有着积极作用。

（一）有利于练习者的身心健康

在日常的训练过程中，练习者的身体经常处在一定的高度或某种复杂的非正常状态，具有一定的危险性，往往给练习者造成了一些身心负担，通过教师或练习者之间帮助与保护技能及方法的运用，可以有效地减轻练习者的心理负担，使练习者消除顾虑，克服心理障碍，增强练习信心，从而能以一种积极主动的态度进行各种练习，完成各项教学与训练任务。

（二）有利于练习者正确学习动作和技术

在体育运动和技能训练中，正确学习动作和技术是至关重要的。这不仅有助于提高练习者的技能水平，还可以避免因动作不规范而导致运动损伤。在训练过程中，通过教师或练习者之间及时、有效的保护与帮助，可以帮助练习者建立正确的动作概念和动作表象，从而尽快掌握动作技术，提高动作质量。

（三）有利于练习者提高专业技能

体育项目具有技术性强、技能性高的特点，由于体位变化复杂、器械项目较多、动作类型多样，练习者在初学时容易出现脱手、摔倒和掉下等情况，不仅完不成动作，还会造成一定的伤害性事故，所以保护与帮助就显得尤为重要。在实际的教学过程中，保护与帮助不但可以预防运动损伤的发生，还可以增强学生的感知能力，有利于练习者提高专项的专业学习能力。

（四）有利于练习者团结互助良好品质的形成

在日常训练过程中，练习者之间相互保护与帮助，不仅是技术学习上的帮助，而且是良好团队精神的体现和培养。通过练习者之间的互帮互助，可以培养学生的责任感，使学生养成热爱集体、互相关心、互相支持、互相爱护的优良作风与品质。

第二节　保护与帮助的基本规范

体育课堂中，进行动作练习具有一定的危险性，如果教法与学法不当，很可能产生安全隐患。所以，在教学中应对保护与帮助的基本规范加强重视，尤其在高空间、多障碍、大负重、非正常体位的复杂练习时，教师除了对练习者实施有效的保护与帮助外，还应教会学生相互间的帮助和保护、自我保护的方法，一方面使学生树立安全意识，另一方面可以培养学生相互间的帮助、保护和自我保护的能力。

一、常用的保护与帮助方法

（一）改变身体姿势

在体育课堂教学练习中，保护与帮助的方法有很多种。其中，改变身体姿势是一种重要的方法。当练习者完成动作时，保护与帮助者可以通过改变练习者的身体姿势来提供助力或实施保护。例如，在练习鞍马时，保护与帮助者可以站在练习者的身后，通过调整身体姿势来帮助练习者完成动作。

（二）控制身体重心

控制身体重心是保护与帮助的关键。保护与帮助者通过控制身体重心确保练习者的安全。例如，在练习单杠时，保护与帮助者可以站在练习者的身侧，通过控制练习者身体重心防止其从单杠上跌落。

（三）调整助力方向

调整助力方向是保护与帮助的重要技巧之一。当练习者完成动作时，保护与帮助者可以通过调整助力方向帮助练习者完成动作。例如，在练习高低杠时，保护与帮助者可以站在练习者的身后，通过调整助力方向帮助练习者完成高低杠的转换。

（四）掌握助力时机

掌握助力时机是保护与帮助的关键之一。在体育课堂练习中，助力时机必须恰到好处，过早或过晚的助力都会影响动作的完成质量。因此，保护与帮助者应通过观察练习者的动作和节奏掌握助力时机，确保练习者能够顺利地完成动作。

二、保护与帮助的注意事项

保护的主要任务是为练习者在练习过程中提供安全保障；帮助的主要任务是使练习者顺利掌握动作技术。在实际过程中，二者相辅相成，保中有帮，帮中有保，相互渗透，缺一不可。在运用保护与帮助时应注意以下几点。

（一）重点要明确

根据动作结构，保护学生不受伤害是运用保护与帮助时首要考虑的原则。保护的重点首先是身体要害部位，如头部、颈部；其次是力量薄弱部位，如上肢、腰部。严禁头、颈部直接落地，避免手臂直臂撑地类似动作发生。

（二）站位要合适

在体育课堂教学中，教师或保护与帮助者要正确选择好站立的位置，充分发挥保护与帮助的作用。实践证明，保护与帮助的站位有一定的规律性，只要掌握了这些规律，就可以正确选择各种站位，使保护与帮助起到实效。

站位应选择靠近最容易出现危险的地方和最有利于发挥助力进行帮助的地方。既能发挥保护与帮助的作用，又不妨碍或影响练习者的练习。站位应根据练习的实际情况灵活改变，必要时也可以采用两人或两人以上站在不同位置进行保护与帮助。

（三）时机要恰当

时机恰当与否会直接影响保护与帮助的效果。在保护与帮助中要做到三快（眼快、手快、脚快），适时地给予助力或实施保护，使练习者顺利掌握或完成技术动作，避免运动伤害的发生。

在练习中，掌握好保护与帮助的助力时机，是保护与帮助获得实效的关键。助力的时机必须符合动作技术的要求，过早或过晚的助力不但没有效果，而且还会破坏动作节奏和韵律，造成动作失误，甚至造成运动损伤。所以，只有保护与帮助者掌握了恰到好处的助力时机，才能充分发挥保护与帮助的有效作用。

（四）部位要正确

部位是指在实施保护与帮助时的着力点。在保护与帮助中，助力的着力点大多在人体重心附近，具体应根据动作类型的不同而有所区别。转体类动作的助力着力点在重心附近身体的两侧；摆动、回环类动作的助力着力点一般在离支点较远的身体部位；翻转类动作的助力着力点在重心附近身体两端部位；下法的助力着力点应在下法异侧方的身体部位。

在保护与帮助的过程中，部位的选择也是非常重要的。正确的部位可以更好地发挥保护与帮助的作用，避免对练习者造成伤害。例如，在练习鞍马时，保护与帮助者应该抓住练习者的手腕和腰，而不是直接抓住手臂或肩膀，因为抓住手腕和腰可以更好地控制练习者的动作，避免受伤。

此外，在实施保护与帮助时，还应注意身体姿势和位置。保护与帮助者应该保持正确的身体姿势，以便更好地发力并控制力度大小。同时，保护与帮助者还应该注意自己的位置，避免对练习者造成干扰或影响。

（五）助力要适度

助力的大小应根据练习者掌握动作的程度而变化。一般在教学初期施以较大的助力，随着练习者能力的不断提高，逐渐减少助力，直至不施加助力。保护与帮助者在实际操作中，应区别对待，通过手感适时调整助力的大小。

在体操练习中，保护与帮助者助力的大小和方向取决于每一个动作技术的要求和练习者的实际需要。首先，在初学阶段的助力要大些，随着技能的提高，逐步减少助力，直至最后独立完成动作；其次，对身体素质较差、体重相对较大的练习者的助力相应较大；最后，要注意顺势助力，即常言说的"四两拨千斤"。

（六）方向要准确

在体操保护与帮助中，方向的准确性是非常重要的。保护与帮助者必须根据动作技术的要求和练习者的实际情况，确定助力的方向，确保助力能有效帮助练习者完成动作。

在实施保护与帮助时，要注意避免助力与运动方向相反，相反的力不仅无法起到帮助作用，还可能对练习者造成伤害。因此，保护与帮助者必须熟悉动作技术的要领和规律，掌握好助力的方向，确保助力能够与练习者的动作相协调。只有助力的方向与动作的运动方向一致，才能起到帮助的作用。因此在实际操作过程中，要根据动作路线和实际情况因势利导，帮助练习者完成动作。

（七）手法要适当

保护与帮助者应根据动作不同或出现的问题不同，采取不同的手法对练习者实施保护和帮助。保护与帮助的手法应有利于操作，不阻碍练习者进行动作练习。

（八）适时脱保

在练习者学习动作技能的不同阶段，保护与帮助的策略也应不同。一般来讲，在泛化阶段，以帮助为主；在分化阶段，保护与帮助交替运用；在巩固和自动化阶段，则以保护为主，直至脱保练习。要把握好脱保的时机，最好的时机是练习者动作技术已定型、成功率高且具有清晰的运动概念和自我保护能力，练习时有充分的自信和较好的体力状态。

在体育课堂教学实践中，由帮助过渡到保护的时机容易掌握，而从保护过渡到脱保独立完成的时机相对较难把握。过早脱保，容易造成伤害事故；过晚脱保，又会使练习者产生依赖性而延缓完成动作的时间。所以，判断练习者在练习中是否具备了脱保条件十分重要。实践证明，可以从以下几个方面来确定练习者能否脱保：已形成正确的动作技术，且成功率较高；已具有清晰且正确的运动感觉和较强的自我保护能力；有强烈的脱保意愿和充分的信心以及坚强的意志和充沛的体力。在脱保阶段，教师或教练应根据练习者的情况，注意完全脱保、相对脱保和相对保护的合理运用，在脱保及时、正确地完成动作的同时确保练习者的安全。

三、对保护和帮助者的要求

（一）具有高度的责任感

保护者对保护和帮助的意义要有足够的认识，必须意识到本身的工作对安全负有重要责任。在保护与帮助操作中，要耐心细致、全神贯注、任劳任怨，不能有任何的疏忽和麻痹。一旦练习者在练习中出现危险，保护与帮助者应不惜一切、毫不保留、全力以赴地采用有效措施，帮助练习者摆脱危险，确保他们的人身安全。

（二）了解练习者的情况

练习前，保护与帮助者首先要了解练习者对动作技术的掌握情况，其次要了解练习者的性别、年龄、体质、性格、体力、思想状态、身体素质、心理素质等情况，在保护与帮助时应区别对待。对体力较差、技术水平较低、注意力不易集中或情绪不稳定的练习者，要注意加强保护与帮助，特别是对女学生和胆小者以及由于动作失误出现过危险经历的学生，要帮助他们消除心理障碍和顾虑，激发他们克服困难的决心和勇气，增强他们完成动作的信心[1]。

（三）熟悉动作技术

熟悉项目的动作技术是保护与帮助者正确运用保护与帮助的基础。例如，体操中不同的项目、不同类型的动作有着不同的技术特点和要求[2]。作为保护与帮助者，只有熟悉动作技术和掌握其一般规律，才能准确把握练习者发生危

---

[1]王赞，李娜.体操教学中正确运用保护与帮助和教学效果关系的分析[J].沈阳体育学院学报，2005（3）：98-100.

[2]申亮，张波，陈祥伟."五育融合"视域下中华特色体育课程的现实意蕴、学理阐释与实践路径——以"射艺"为例[J].上海体育学院学报，2023，47（12）：21-31.

险的前兆，做到位置合适、部位正确、时机恰当、力量适度，并给予及时的保护与帮助，从而维护练习者的安全。

（四）掌握扎实的保护与帮助技能

保护与帮助是体育课堂教学训练中的基本技能之一，而这一技能的掌握主要在于实践。实践表明，方法、时机和位置是保护与帮助的"三要素"，因此，在保护与帮助时，只有方法合理、时机准确、位置正确，才能充分发挥保护与帮助的作用。另外，保护与帮助者还要做到"三快"，即眼快（及时发现学生完成技术动作是否正确）、手快（及时给练习者正确、合理的助力或保护）、脚快（站位适当、移动迅速）。只有切实掌握好这些要领，才能完成好保护与帮助的任务。

在学习保护与帮助初期，保护与帮助者可能会遇到不顺手、助力不当、效果欠佳等问题，只有通过反复实践解决这些问题，保护和帮助者才能掌握扎实过硬的保护和帮助技能。

第三节 保护与帮助的具体示例

一、体操类项目保护与帮助的站位选择

（一）技巧类项目

向前做动作时，保护与帮助者应站在练习者的侧前方；向后做动作时，保护与帮助者应站在练习者的侧后方；向侧做动作时，保护与帮助者应站在练习者的侧后方。

（二）支撑跳跃类项目

帮助练习者练习第一腾空技术时，帮助者应站在跳板与跳马（或山羊）之

间的侧前方，帮助练习者顶肩和拔腿；落地保护时，保护者应站在练习者落点的侧方，通过挡或扶帮助练习者保持平衡；练习斜向助跑动作时，帮助者应站在跳马的近端，通过两手的顶或托帮助练习者完成动作[1]。

（三）双杠项目

对于悬垂与挂壁动作，保护与帮助者应站在杠外一侧，以便从杠下给予帮助；对于杠上动作，保护与帮助者应站在杠外一侧，最好是能站在高台上进行帮助；对于落地动作，保护与帮助者应站在练习者落地的外侧，以便扶持练习者落地的稳定和平衡[2]。

（四）单杠、吊环和高低杠项目

摆动动作至垂直部位时速度最快，也最容易脱手。所以反向前做摆动时，保护与帮助者应站在器械垂直面的侧前方；反向后做摆动时，保护与帮助者应站在立于垂直面的后侧面或高台上进行保护与帮助[3]。

（五）平衡木、鞍马项目

对于平衡木，保护与帮助者可视动作不同站在平衡木两侧或落地点两侧进行保护与帮助；对于鞍马，保护与帮助者可视作动作不同站在鞍马的前、后、侧进行保护与帮助。

---

[1] 李颖侠，王学芳.浅谈体操教学中帮助与保护的站位［J］.体育世界（学术版），2014（12）：91-92；103.

[2] 徐相斌.体操练习错误动作的成因及保护与帮助的时机［J］.辽宁广播电视大学学报，2002（2）：79.

[3] 宋佩双.保护与帮助在体操教学训练中的运用［J］.滨州师专学报，2000（2）：65-67.

二、田径类项目教学中的保护与帮助

（一）跨栏

开始跨栏前，保护者需要对场地进行全面的安全检查，确保场地平整、栏杆坚固、地面无松散物等。跨栏教学中，保护者还需随时准备帮助运动员调整栏杆高度和间距，以保障运动员安全和提高跨栏成功率。

跨栏运动的帮助主要表现在语言提示和动作示范上，保护者可以通过语言提示提醒运动员注意动作要领和安全事项，同时也可以通过动作示范帮助运动员掌握正确的技术和动作。

（二）跳远

1. 场地检查

在进行跳远前，教师应确保场地安全，没有障碍物或杂物。同时，要确保沙坑柔软，能够有效吸收冲击力，防止学生受伤。

2. 正确的技术指导

学生应掌握正确的跳远技术，包括起跳、腾空、落地等步骤。教师应详细讲解每个步骤的要领，并让学生反复练习，直到熟练掌握。

3. 适当的训练强度

教师应当合理安排训练强度，避免学生因过度疲劳而受伤。根据学生的身体状况和技能水平，制订个性化的训练计划，逐步提高学生的体能和技能水平。

4. 帮助措施

对于初学者或技能水平较低的学生，教师可以采取一些帮助措施，如踏台起跳等。这有助于学生更好地掌握跳远技术，提高自信心和运动表现。

（三）铅球

1. 正确使用铅球

铅球是一种比较重的运动器材，需要正确掌握使用方法。在投掷时，要注意手臂和身体的协调，避免用力过度或不当导致受伤。

2. 注意安全距离

在练习铅球时，应该保持一定的安全范围，确保铅球不会误伤他人。同时，也要注意观察周围环境，避免因地面不平或障碍物导致意外。

3. 做好热身运动

在投掷铅球之前，应进行适当的热身运动，特别是肩部与髋部的拉伸，可以有效地预防肌肉拉伤和其他运动损伤。

4. 注意安全事项

在铅球训练中，需要注意安全事项。例如，使用前检查铅球；在投掷时要注意周围环境是否安全；在训练结束后要及时清理场地等。

三、球类项目教学中的保护与帮助

（一）足球

当接到球时抬头观察是非常重要的，这样可以扩大视野，帮助接球者更快更准确地做出决定。但是在足球课的教学中，初学者总是害怕抬头的瞬间，球不在自己的控制范围内。因此，在足球课堂教学中，教师可以通过适时地举手比出数字并要求学生回答数字的方法，帮助学生养成抬头观察的习惯。

在学生进行颠球等球技相关练习时，通过划定场地范围帮助学生提高对球的控制能力。

在传球练习中,帮助者可通过前脚掌踩球的方式将球固定,练习者连续多次练习脚内侧传球的技术动作,依此帮助练习者更准确地掌握技术动作。

1. 保护

①佩戴足球安全装备:包括护腕、护肘、足球鞋、护齿器等,这些装备可以在一定程度上降低受伤的风险。

②做好热身运动:在足球训练开始前,进行适当的热身运动,特别是腿部肌肉和关节的热身活动,预防运动损伤。

③学习正确的技术动作:掌握正确的技术动作是避免受伤的关键,因此在学习过程中,应该注重正确的动作细节,避免错误的动作习惯。

④注意自我保护:在足球比赛中,要注意自我保护,避免与对手发生激烈的冲撞。

2. 帮助

①讲解和示范:教师可以通过讲解足球的基本规则、技术要点和战术策略,帮助学生理解足球的基本知识。同时,通过示范正确的技术动作和战术配合,让学生能够直观地了解正确的操作方式。

②重复练习:重复练习是提高技术水平的关键。通过反复练习,练习者可以逐渐熟悉正确的技术动作和战术配合,从而逐渐提高技术水平。

③制订计划:教师可以根据练习者的实际情况,制订合理的训练计划,包括训练目标、训练内容、训练时间和训练方法等。通过有计划的训练,可以帮助练习者逐步提高技术水平。

④纠正错误:在练习过程中,教师要注意观察练习者的动作,及时发现并纠正错误。同时,教师还可以通过分析错误产生的原因,指导练习者避免再次犯错。

⑤鼓励和激励:在足球教学过程中,教师可以通过鼓励和激励的方式,激发练习者的学习热情和积极性。当练习者取得进步时,教师要及时给予肯定和表扬,以增强其自信心和动力。

⑥组织比赛:通过组织比赛,可以让练习者在实践中锻炼技术水平,同时也可以增加和提高他们的比赛经验和心理素质。

（二）篮球

在篮球教学中，对于初学者，如何正确地掌握传球和接球的技术是一个难点。为了帮助学生更好地掌握这些技巧，教师可以在教学中采用一些间接帮助的方法。

首先，可以通过设置标志物帮助学生建立正确的传球和接球姿势。在标志物前放置两个相对的标志物，要求学生将球传到对面标志物后，再跑到对面标志物处接回传球。这样可以帮助学生在练习中更好地掌握传球的力度和方向，同时也能锻炼他们的反应速度和移动速度。

其次，可以通过设置限制物帮助学生提高传球和接球的准确性。在篮球场上放置一些标志杆或绳子，要求学生传球时不能碰到这些标志物，否则就要重新进行练习。这样可以锻炼学生在传球时对空间感的把握，帮助他们掌握传球技巧。

最后，在篮球教学中，教师还可以通过一些语言提示来帮助学生更好地掌握动作要领。例如，在教授投篮技巧时，教师可以提醒学生注意手腕的用力方式和球的旋转方向，同时可以要求学生跟随教师的口令进行练习。这样可以帮助学生在练习中更好地集中注意力，提高学习效果。

1. 保护

在篮球教学中，保护措施对防止受伤和意外事件的发生非常重要。以下是一些具体的保护措施。

①热身运动：在开始篮球教学之前，进行适当的热身运动（如跑步、拉伸和跳绳等）可以增加身体的温度和灵活性，预防运动损伤。

②正确佩戴防护装备：篮球教学中，一些常见的防护装备包括护腕、护膝、护踝等。这些装备可以减轻身体受到的冲击和摩擦，保护身体各个部位。

③强化身体素质：身体素质（包括力量、耐力、协调和灵敏等）是篮球运动中非常重要的一个方面，通过训练提高身体素质，增强对抗能力和自我保护能力。

④学习正确的技术动作：正确的技术动作可以减少受伤的风险。在篮球教学中，要注重基本功的训练，掌握正确的运球、传球、投篮和防守等技术动作。

⑤避免过度疲劳：过度疲劳是导致受伤的一个常见原因。在篮球教学中，要注意适当地休息和放松，避免长时间高强度的训练和比赛。

⑥配合教师指导：篮球教学中的保护措施需要教师和学生共同配合。教师要注重学生的身体状况和技术水平，合理安排教学内容和训练强度。学生要认真听讲、练习和反馈问题，及时向教师请教和寻求帮助。

2. 帮助

①强化篮球意识。对练习者来说，强化篮球意识是提高技术水平的重要一环。篮球意识包括对比赛规则的理解、对手动作的预判、场上局势的洞察等。通过观看高水平比赛、参加比赛和模拟训练等方式，可以帮助练习者强化篮球意识。

②耐心帮助他人。在篮球教学中，应该耐心帮助他人，无论他们遇到什么问题，都尽可能给予指导和鼓励。通过帮助他人，可以巩固自己的技能，同时也能建立良好的团队氛围。

③采取不同的引导方法。对于不同水平的练习者，应该采取不同的引导方法。对于初学者，可以从基本功开始教，如传球、运球、投篮等；对于有一定基础的练习者，可以教授更高级的技巧和策略，如防守技巧、进攻策略等。

④参加对抗比赛。对抗比赛是提高实战能力的重要途径。通过参加对抗比赛，练习者可以亲身体验比赛的紧张感和刺激感，同时也能在比赛中发现自己的不足，从而针对性地进行改进。

（三）排球

在排球教学中，信号和标志物被广泛用于帮助学生练习和提高他们的技能。为了帮助学生掌握正确的发球和接发球技巧，可使用信号和标志物进行练习。教师需要准备一些标志物，如锥形桶或者彩色胶带，以及一个计时器或响铃设备，并将标志物设置在发球区和接发球区，用于指示学生应该站在哪里。锥形桶或彩色胶带可以标示出发球线、接发球线和球场边界。在练习过程中，教师可以使用计时器或响铃设备发出信号，指示学生应该进行何种动作。例如，铃声可以表示发球，帮助者可以在学生完成发球后给出下一次信号，指示他们移动到另一个位置进行接发球。教师可以通过观察学生的动作和听取他们的反馈进行必要的调整。如果发现学生发球或接发球的位置不正确，教师可以调整标志物的位置，以帮助学生更好地掌握技巧。

本章小结

在体育课堂教学中，进行保护与帮助是非常重要的，它可以帮助学生更好地掌握运动技能，避免受伤，并增强学生的自信心。因此，保护与帮助是体育课堂教学中不可或缺的环节，教师和学生都应该意识到保护与帮助的重要性，并将其贯彻到日常的体育课堂教学活动中。本章介绍了不同类型的保护措施和帮助方法、保护与帮助在实践中的运用以及对保护与帮助者的要求等。通过预防措施、讲解示范、使用保护器材和监督指导等方式保护学生安全。同时，教师还应该注意因材施教、适度性、及时调整和与家长沟通，创造安全健康的体育教学环境。

思考题

1. 什么是保护与帮助？
2. 保护与帮助在体育课堂教学中的意义是什么？
3. 结合某一运动项目的技术教学，谈一谈如何提供保护与帮助。

第六章
体育课堂中伤害事故预防的基本规范

由于体育课堂的特殊性、开放性、动态性以及环境的复杂性，在教学过程中，往往会出现一些意想不到的伤害事故。由于体育课堂的复杂性以及学生在学习运动技能之前对安全意识的忽视和学生好奇心的驱使，在体育课堂教学中出现了一系列伤害事故。学校体育伤害事故已成为困扰我国学校体育工作开展的一大难题[1]。

出现伤害事故，不仅对学生自身造成了伤害，而且严重影响学校体育课堂教学的正常进行和学生的心理健康。通过本章节的学习，可以了解在体育课堂中伤害事故预防的基本规范以及了解体育课堂伤害事故预防的意义，发现体育课堂教学伤害事故出现的原因和出现伤害事故的可能性条件，总结出预防体育课堂教学中伤害事故的基本规范，从而避免伤害事故的发生。同时以安全预防为基础，健康教育为辅助，提高体育课堂教学质量，帮助学生在体育锻炼中更好地"享受乐趣、增强体质、健全人格、锤炼意志"，培养德智体美劳全面发展的社会主义建设者和接班人。

第一节 体育课堂中伤害事故的概述

一、体育课堂中伤害事故的概念

教育部2002年6月25日颁布的《学生伤害事故处理办法》第二条中指出："在学校实施的教育教学活动或者学校组织的校外活动中，以及在学校负有管

---

[1] 魏勇.浅析小学体育伤害事故的成因及预防[J].当代体育科技，2014，4（23）：16-17.

理责任的校舍、场地、其他教育教学设施、生活设施内发生的，造成在校学生人身损害后果的事故[1]。"体育活动具有风险属性，基于体育活动本质的风险系固有风险（inherent risk），也称内在风险，是体育活动不可分割的一部分，学校体育课堂中的伤害事故属于体育风险的一种[2]。学校体育伤害事故是指学生在学校体育活动过程中（包括体育课教学、课外体育活动、课余体育训练与竞赛等），所造成学生实质性的人身伤害或死亡的各类事故。人身伤害是指在法定时间内，肢体残疾、组织器官功能障碍及其他人身健康的损伤[3]。耿良坡[4]在文章中指出：体育教学安全是指在体育教学组织中（包括场地，教师的指导和学生的参与），从体育教学的角度，各个环节、部位（教学内容，场地器材，其他自然因素，教师和学生的身心等）出现意外，导致学生身心健康受到伤害和存在隐患的安全问题（运动损伤与安全事故）。一般来说，体育课堂教学中造成体育伤害事故的原因大多是由于过失造成的，而非故意。

从教学实践出发，体育课堂教学伤害事故的成因主要有以下类型。第一，体育教学场地设施、器材类的原因；第二，体育教学过程中教学因素的原因；第三，教学行为与管理类的原因；第四，纯属意外因素类的原因；第五，学生自身健康的原因。按体育伤害事故产生的主要因素分为可控因素和不可控因素。可控因素包括：直接因素，学生自身体育安全意识薄弱、体育活动前准备活动不充分、个人体质差异、技术动作掌握情况，人工环境里的场地选址、器材设备、空气流通；间接因素，学生参与运动的频率、教师的职业素养、学校卫生保障制度不完善、学生安全教育不到位、教学管理不完善[5]。不可控因素包括：环境因素，气候、温度、湿度、气压、阳光；项目本身的运动属性，不同项目的运动方式和规则也不尽相同；突发状况因素，教学过程中突发的冰雹、飞行器等伤害，是人为力量不可抗拒的因素。

---

[1] 陈希.中小学学生伤害事故责任的再分析——以《侵权责任法》的视角[J].首都师范大学学报（社会科学版），2010（6）：53-59.

[2] 钱思雯.新《体育法》视野下体育活动风险范畴与组织者责任承担法律问题研究[J].天津体育学院学报，2023，38（4）：475-481.

[3] 谭静.试析学生体育伤害事故的防范与处理[J].成都体育学院学报，2013，39（8）：90-94.

[4] 耿良坡.南昌市中学体育教学安全风险与防范研究[D].江西：华东交通大学，2017：3.

[5] 王璐璐.河南省高校学校体育伤害事故现状、致因及治理路径研究[D].信阳：信阳师范学院，2020：29.

二、体育课堂中伤害事故的分类

由于体育技能课以身体练习为主要手段，具有实践性的特点，相对理论课教学，体育课堂中出现伤害事故的概率相对较高。在罗云所著的《现代安全管理》一书中，明确写到导致事故发生的原因很多，运用系统理论分析问题，可认为任何事故的发生取决于四个方面，通常将其称为"4M理论"（图6-1），即人（men）——人的不安全行为是导致事故的最直接因素；物（machine）——物的不安全状态也是导致事故的最直接因素；环境（medium）——环境的不安全条件是构成事故的重要原因；管理（management）——管理的欠缺是事故的间接原因[1]。按照该理论，可以通过避免人与物两种因素运动轨迹交叉，即避免人的不安全因素和物的不安全状态（场所环境上的缺陷、设施维修和使用上的缺陷等），同时建立和健全制度，预防和减少事故的发生。哲学上讲，联系具有普遍性，一切事物、现象之间以及事物内部的要素之间是相互依赖、相互制约、相互影响、相互作用的，整个世界是一个相互联系的统一整体。所以，这一理论也适用于学生体育伤害事故的预防和处理。

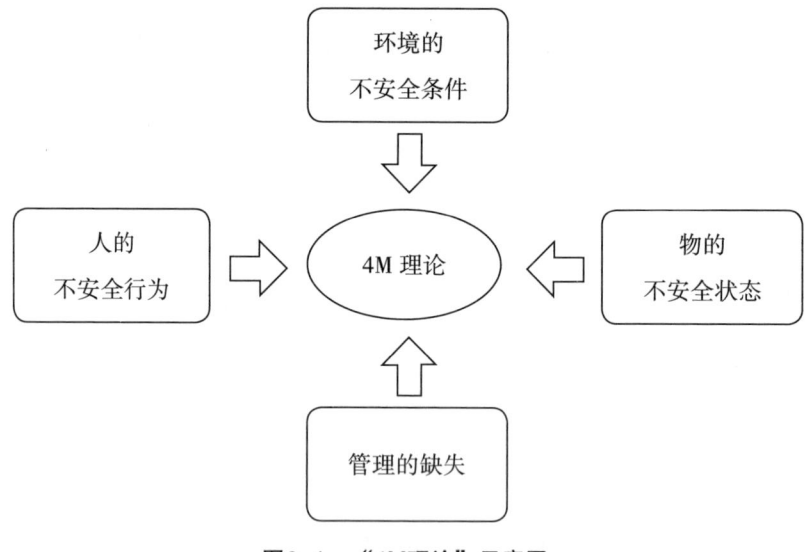

图6-1 "4M理论"示意图

---

[1] 罗云，程五一. 现代安全管理[M]. 北京：化学工业出版社，2009：8-16.

（一）基于"人"的原因

"4M理论"指出，人的不安全行为是造成事故的最直接因素。首先，学生自身原因导致的伤害事故是体育课堂中发生最多的，如学生在体育活动中因不当行为或技术错误而导致的伤害事故。其次，教师原因导致的伤害事故，如教师在教学过程中未能正确指导学生或未能提供足够的安全保障措施而导致的伤害事故。再次，其他学生原因导致的伤害事故，如其他学生在体育活动中对某个学生造成的伤害事故。最后，学校管理原因导致的伤害事故，如学校未能提供安全的体育设施或未能及时维护而导致的伤害事故。

（二）基于"物"的原因

在体育课堂中，基于"物"的原因导致的安全伤害事故是可以及时避免的。首先，体育器材导致的伤害事故，如体育器材损坏或陈旧和不合理的使用运动器材而导致的伤害事故。其次，体育课程与其他课程之间存在着较大的差异，学生携带的物品有可能导致伤害事故的发生，如在课程中学生口袋里面存放尖锐物品、不穿着运动服装、女同学头发佩戴发卡都可能导致伤害事故的发生。

（三）基于"环境"的原因

体育课堂中的环境因素也是造成体育伤害事故的重要因素。首先，环境的不安全条件（包括高温、下雨、雪天、雾天）是导致事故发生的主要因素。其次，体育场地原因也会导致伤害事故的发生，如体育场地不平整或维护不当所存在安全隐患以及体育活动场馆的灯光、通风等条件不佳而导致的伤害事故。

（四）基于"管理"的原因

因管理欠缺，如制度的设立、制度的执行、制度的宣传等都是导致体育课堂教学事故发生的因素。首先，学校管理原因导致的伤害事故，如学校未能提供安全的体育设施、未能及时维护或修复体育器材,或者未能建立有效的安全管理制度而导致的伤害事故。其次,教师管理原因导致的伤害事故,如教师在教学过程中未能正确指导学生、未能及时发现和处理学生的安全隐患,或者未能对学生进行充分的安全教育而导致的伤害事故。最后,学生自我管理原因导致的伤害事故,如学生在体育活动中违反安全规定、未正确使用体育器材或者未能保持良好的体育行为习惯而导致的伤害事故。

三、预防体育课堂中伤害事故的意义

预防体育课堂教学伤害事故的意义主要体现在以下四个方面。

(一)保障学生身心健康

体育课堂教学中的伤害事故可能会对学生的身心健康造成严重影响。预防伤害事故的发生,可以避免对学生造成不必要的伤害,保护学生的身体健康和心理健康。这些伤害事故可能会导致学生身体上的疼痛、创伤,甚至可能对学生的生命安全构成威胁。同时,这些伤害事故也会对学生的心理健康产生负面影响,如恐惧、焦虑、抑郁等。因此,预防伤害事故的发生对保护学生的身体健康和心理健康至关重要。

(二)提高教学质量

体育课堂教学中的伤害事故可能会影响学生的学习效果和兴趣。通过预防伤害事故的发生,可以让学生更好地参与体育教学活动,提高教学质量和效果。首先,教师需要充分了解学生的身体状况和健康状况,以便更好地指导学生进行体育活动。同时,教师还需要制订科学合理的课堂教学计划,充分考虑学生的年龄、性别、体能等因素,避免高强度、高难度的训练对学生造成伤害。只有通过科学合理的课堂教学计划、学生的认真听讲和遵守纪律、学校对体育设施的维护和管理等措施的落实,才能更好地保障学生的身心健康和学习效果,提高体育教学质量和效果。

(三)增强学生安全意识

安全教育是预防体育课堂教学伤害事故的重要一环。预防体育课堂教学伤害事故的过程,不仅是一个确保学生身体健康的过程,更是一个全面提升学生安全意识的过程。在这个过程中,通过加强安全教育和管理,学生能够更加深入地了解安全知识和技能,从而增强自我保护能力。这样,在体育课堂教学中,学生就能够更加安全地进行运动,避免受伤。同时,这也将有助于培养学生的安全意识,让他们在未来的生活中更加注意安全。

(四)维护学校声誉

如果体育课堂教学中的伤害事故频繁发生,可能会对学校的声誉和形象造成负面影响,还可能影响家长对学校的信任。因此,通过预防伤害事故的发生,可以维护学校的声誉和形象,提高学校的公信力和社会认可度。总之,预防体育课堂教学中的伤害事故对维护学校的声誉和形象具有重要意义。学校应该采取一系列措施加强管理和防范工作,并建立完善的伤害事故处理机制,确保学生的安全和健康。

综上所述,预防体育课堂教学伤害事故对保障学生身心健康、提高教学质量、增强学生安全意识和维护学校声誉都具有重要意义。

第二节 体育课堂中伤害事故案例分析及成因

一、基于"人"的因素

"4M理论"指出:人的不安全行为是造成事故的主要因素。结合案例分析如下。

案例一:"飞来横祸"

事件回顾:某中学,在组织拔河比赛时,为了体现比赛的公平、公正,校领导要求在中间标志物（红旗）的下方坠3块螺母。在比赛过程中，由于力量过大致使绳子断裂，螺母随之飞出，砸到了其中一名队员的头部，致其头部受伤缝了三针。

成因分析：学校所提供的器材明显有不安全因素，校领导没有及时预见可能发生的严重后果，校领导安全意识的淡薄是造成此次事故的主要原因。

案例二："擅离职守"

事件回顾：某中学，在体育课临近下课时，由于体育教师提前离开室外体育课的教学现场，使得该班同学处于无人看管的状态，几名学生在领操台上休息准备下课，其中王同学也在领操台上坐着。赵同学等几名同学在台子上玩耍时，赵同学推了王同学一下，致使王同学摔下台子，造成其右臂骨折。

成因分析：任课老师擅自提前离开室外体育课的教学场所，未尽到维持课堂的教育、管理责任。

案例三："超负荷练习"

事件回顾：某县小学，体育课上教师安排四年级的学生在30米的距离内完成有四道障碍的折返跑，其中某学生因体力不支在第二个折返的过程中，被第二道障碍磕绊摔倒，导致其右臂骨折[1]。

成因分析：教师在教学过程中，违反了教学原则和工作纪律，安排的教学内容强度和难度过大，超出了小学四年级学生所承受的能力范围，是导致事故发生的主要原因。

案例四："急于求成"

事件回顾：某中学，在体育课上练习背越式跳高的过杆动作时，体育老师宣布停止练习以后，几名同学不听从老师的安排，争抢着再跳一次，由于争抢的原因，学生的助跑速度过快，导致张同学过杆后头部飞出了下面的保护垫，致使头部受伤。

成因分析：该事故是由于学生不服从老师的安排和指挥，违反课堂纪律所导致的。

---

[1]韩瑞杰.学校体育中学生人身伤害事故及相关法律问题的研究［J］.甘肃社会科学，2006（6）：43-45.

案例五："瞒天过海"

事件回顾：某中学的一名学生，其自身患有先天性心脏病，身体素质较差，但为了能顺利通过该学校的分班录取考试，不得已隐瞒了病情。当在体育（800米）测试中，还未完成测试就倒地不起，出现昏迷不醒的状态，所幸是老师和同学帮助其及时送医才避免的不幸之事。

成因分析：在本次事故中，学生隐瞒自身的病情和身体情况，其监护人也并未向学校做任何特殊说明，是造成此次事故的主要原因。

二、基于"物"的因素

"4M理论"指出：物的不安全状态也是造成事故的最直接因素。结合案例分析如下。

案例一："看不见的危险"

事件回顾：某中学，高一一名学生在上体操（前滚翻）练习课时，因未将口袋里的危险物拿出，不慎将口袋中的胸针扎入小腹，造成了严重的身体创伤。

成因分析：经核查，体育教师课前未对学生上课的着装、携带物品等做过必要的安全要求和提醒，是造成此次事故的主要原因。

案例二："生锈的双杠"

事件回顾：某中学的一名学生，在一次课外活动期间，来到学校的双杠区域，双手握杠做前后的摆动动作，此时他不知道双杠的一侧立柱因为长时间没有养护，已经锈迹斑斑，当其摆动到身体接近倒立时双杠的立柱发生了断裂，致使其头部向下栽到了地面上，造成了下颌骨骨折。

成因分析：体育设施维护、更换的不及时，对老旧设备没有尽到审理警示标志的防护措施等，是造成此次事故的主要原因。

案例三："对着来"

事件回顾：某高级中学，在某次以实心球投掷为教学内容的体育课上，教师安排学生并行站两排，进行对向投掷练习，因男生力气比女生大，在没有足够安全距离的前提下，发生了课堂教学事故。李同学（男）在做完第一次投掷之后，没有提醒王同学（女）就进行了第二次投掷，第二次投掷的距离要比第一次远很多，刚好砸到了去捡球的王同学（女）的头部，王同学（女）当场就倒地昏迷，后经抢救无碍。

成因分析：在此次事故中，体育教师在规划练习场地和组织练习方式时都缺乏安全考虑。实心球本身就是一项具有一定危险性的体育项目，安排不同力气的同学对向练习，是导致此次事故的最直接原因。

案例四："危险区域"

事件回顾：某中学，在一次课堂教学中，因为场地太小，相邻授课班级的距离比较近。其中，一年级学生在上太极拳的课程，隔壁二年级的学生在上足球课程。在进行足球教学比赛的过程中，突然一个球就飞到了一年级的授课区域，刚好砸到了一个学生的头部，由于球的速度太快，致使被砸学生当场昏倒在地。

成因分析：体育教师在上课前没有做到合理安排授课场地，和有一定危险性的课程距离太近是导致本次事故的主要原因。

案例五："合理障碍"

事件回顾：在某学校初中三年级的体育实践课中，教学内容是障碍跑，老师选用了铅球作为标志障碍，要求每个学生绕过铅球障碍，但是班上一名同学在练习的过程中，突然踩到了铅球，扭伤了脚踝，后立即送往了校医院，经X光检查发现有骨折的现象。

成因分析：此次事故的发生主要原因在于学校教师在选择器材时没有考虑器材的安全性。在进行障碍跑的教学过程中，障碍物应选择明显且安全的标志物，而不能选择体积状态小、不明显的标志物，铅球体积小而光滑，很容易造成崴脚事故的发生。

三、基于"环境"的因素

"4M理论"指出：环境的不安全条件也是造成事故的主要因素。结合案例分析如下。

案例一："自然伤害"

事件回顾：夏季，某中学，高一一名学生在上篮球（三步上篮）练习课的时候，因该课需借助篮板、场地等器材进行教学，所以顶着大太阳在无遮挡的篮球场练习，致使其在课堂上中暑昏倒，后经治疗无碍。

成因分析：夏季气温过高，体育教师没有合理规划授课方案导致课堂教学事故。

案例二："密闭空间"

事件回顾：夏季，某中学校排球队，在室内的一次训练课中，因忘记打开排气扇，致使室内温度过高，多名队员都出现了脱水、昏厥等现象。

成因分析：由于夏季气温过高，室内课程一定要注意通风和补水等措施。

案例三："滑倒"

事件回顾：某高校，在一次雨后篮球训练课中，一名学生因没有在场地打扫完就进行练习，致使其因场地湿滑而摔倒，经诊断，学生尾椎骨骨折。

成因分析：雨后塑胶场地湿滑，是致其受伤的主要原因。

四、基于"管理"的因素

"4M理论"指出：管理的欠缺是造成事故的主要因素。结合案例分析如下。

案例一："噪声不断"

事件回顾：某高级中学体育大课间的现状，学校在组织体育大课间时，全校3400多名学生围着操场跑操，他们踏着整齐的步伐，喊着响亮的口号，与之鲜明对比的是操场围墙外不远处，有一条繁华的商业街，街面上人群聚集如织，叫卖声、音乐声不绝于耳。

成因分析：后经调查，学校的安全保卫制度包含校内及周边的环境安全，可是这样的制度只是挂在了墙上，没有得到具体执行。所以"挂在墙上的制度"成了不安全环境的主要因素。这也充分暴露了学校在安全管理方面的缺失，不要让制度停留在墙面上，要切实可行的去实施执行，让学生在一个安静、安全的环境里生活学习。

案例二:"沟通断线"

事件回顾:某中学初三学生,在一次冬季长跑过程中突然倒地昏迷不醒,教师及学生及时地将他送往了附近医院救治,最终因抢救无效死亡。

成因分析:后经调查,学生患有先天性心脏病。并且学校在一次学生集中体检中已经查明,但因没有及时和体育老师及家长沟通,所以该生和正常学生一起坚持参加大强度的体育活动,造成了后面严重的后果。这也充分暴露了建立健全学生个人健康档案的重要性。让老师及时了解学生的健康状况,合理安排活动量和活动强度,避免伤害事故的发生。

案例三:"百米之殇"

事件回顾:某乡中学初三一名学生,在参加学校运动会时突然倒地昏迷不醒,因乡级中学设施条件有限,没有校内急救站和保健所,教师和同学们只能送他到校外500米处的乡卫生院,但终因错过了最佳抢救时间,抢救无效死亡。

成因分析:后经鉴定,学生死于"心脏骤停引起的猝死"。如果当时校内有急救站,有专业的急救人员临时实施急救措施,就可避免类似猝死等校园事故的发生。教育部和卫生部颁布的《学校卫生工作条例》中第二十条明确规定:"城市普通中小学、农村中心小学和普通中学设卫生室,按学生人数六百比一的比例配备专职卫生技术人员。高校设校医院或保健所,校医院应设保健科。"这件事也充分暴露出了该学校在执行制度时的惰性,等到出了问题才想着去弥补[1]。

第三节 不同类别体育课堂伤害事故的预防

一、基于"人"的因素的伤害事故预防

为了保证学生能在安全的环境中尽情享受体育带来的乐趣,有效预防体育

---

[1] 杜国平,李伟,唐万琴,等. 苏北、苏中、苏南2235所中小学卫生保健工作现况的调查[J]. 东南大学学报(医学版),2012,31(2):150-154.

课堂伤害事故的发生,基于"人"因素造成的伤害事故的预防措施如下。

(一)强化领导的安全意识和责任心

强化学校领导的安全意识和责任心是预防体育课堂伤害事故的重要措施之一。学校领导应该充分认识到安全工作的重要性,加强对体育安全工作的领导和监督,确保各项安全措施得到有效落实。同时,学校领导也应该加强对体育教师的培训和管理,提高教师的安全意识和责任心,确保学生能够在安全的环境中参与体育活动。

(二)提高教师安全意识

提高教师的专业素养和安全意识是预防伤害事故的关键。通过加强对教师的培训,确保他们具备足够的专业知识和安全意识,能够正确、安全地组织体育教学活动。在体育教学过程中,教师应提供必要的安全指导,包括如何正确使用设备、如何避免危险等。同时,教师还应教授学生自我保护的技巧,如摔倒时的自我保护等。

(三)强化学生安全教育

学生是体育课堂的主体,他们的安全意识和自我保护能力对预防伤害事故至关重要。通过加强对学生的安全教育,提高他们的安全意识和自我保护能力,使他们能够正确使用器材、遵守规则,避免因个人行为导致的伤害事故。

加强师生安全意识的宣传和教育是预防伤害事故的重要措施。通过宣传教育活动,使师生充分认识到安全的重要性,增强自我保护意识。同时,应加强对师生的安全培训,提高他们的安全防范能力。

综上所述,有效预防体育课堂伤害事故的发生,需要从多个方面入手,包括强化学校领导的安全意识和责任心、加强教师队伍建设、强化学生安全教育、以及强化师生安全意识等。同时注意完善管理制度、加强场地设施管理、加强对学生家长的安全教育和安全引导等。只有这些方面得到全面有效的管理和控制,才能最大限度地减少基于"人"的因素而造成体育课堂伤害事故的发生。

二、基于"物"的因素的伤害事故预防

体育课堂教学中的伤害事故预防是一个非常重要的议题。基于"物"的因素造成的伤害事故的预防措施如下。

（一）器材选择

在进行体育课堂教学前期，应选择质量好、安全可靠的教学设备和器材。选择适合学生年龄和身体条件的器材，避免使用过于陈旧或存在缺陷的器材。体育教师应该定期检查所有的运动设施，包括场地、器材等。确保设施完好无损，没有安全隐患。如果发现任何问题，应及时进行维修或更换。

（二）场地管理

体育场地的维护和管理也是预防伤害事故的重要环节。学校应该定期检查场地设施，确保其安全可靠。同时，体育教师也应该在课前检查场地，确保其符合安全要求。对于场地管理，应确保场地平整、干净、没有杂物。在冰雪天气或湿滑地面，应采取相应措施，如增加防滑材料、限制某些活动等。

（三）着装要求

教师着装是师德的外在体现，统一着装有利于优化职业形象、自我约束和提升师德水平。体育教师穿专业运动服有助于课程的实施，并潜移默化地教授学生遵守体育服装规范。学生是课程主体，应自我要求。体育课多为全身运动，学生应穿适合的运动鞋和服装，以保障安全。教师还应提醒学生避免佩戴金属或玻璃饰品、口袋中不要乱放物品、不要戴眼镜和穿塑料鞋和皮鞋等，以避免伤害事故。

（四）应急预案

学校应制定体育课堂教学中的应急预案，包括伤害事故发生时的处理流程、

联系人、联系电话等。同时，教师和学生都应了解并熟悉这些预案。学校还应定期进行紧急情况演练，让学生和教师熟悉应对措施，提高他们的应变能力。此外，学校应该建立完善的体育设施检查制度，确保设施安全、完好，以减少意外事故的发生。同时，学校应该为学生提供必要的医疗保障，以便学生在受伤时得到及时治疗。这些措施可以有效地保障学生在体育课堂教学中的安全。

通过以上措施，可以有效地预防基于"物"的因素造成的体育课堂教学伤害事故。但需要注意的是，这些措施并不能完全消除所有风险，因此在实际操作中还需要根据具体情况灵活调整。

三、基于"环境"的因素的伤害事故预防

在体育教学过程中，环境因素是影响教学安全的关键因素。因环境因素导致的伤害事故不仅会对学生的身心健康造成影响，还会对教学活动的正常进行带来困扰。因此，如何预防由环境因素引起的体育课堂伤害事故，成了教育者和家长共同关注的问题。

（一）定期检查与维护场地设施

体育场地设施不完善、不规范等问题可能导致学生在进行体育活动时发生意外。如篮球架、足球门等设备不稳固，地面不平整等都可能使学生受伤。学校应定期对体育场地设施进行检查，及时发现并修复存在的问题。对于老化的设施，应及时更换，确保设施的安全性。

（二）注意天气预警

恶劣的天气条件，如雨雪、大风等，可能导致学生在进行户外活动时滑倒、摔伤。在恶劣天气条件下，学校应提前预警，避免学生进行户外活动。对于必须进行的户外活动，应采取相应的防护措施，如提供防滑设备等。

（三）合理安排教学

教学场地拥挤，学生活动区域狭窄，容易导致学生发生碰撞、摔倒等事故。学校应根据学生数量和场地实际情况，合理安排教学时间和内容，避免教学场地过于拥挤。同时，应规范学生活动区域，减少学生之间的碰撞。在体育课堂教学中，噪声和干扰也可能导致伤害事故的发生。因此，学校应该采取措施减少噪声和干扰，如设置隔音墙、调整教学时间等。

（四）配备专业人员

学校应加强学生的安全教育，让学生了解并遵守安全规定，提高学生的自我保护意识。学校应配备专业的体育教师和场地管理人员，他们应具备专业的知识和技能，能够及时发现并处理场地设施的问题。

总之，预防由"环境"因素导致的体育课堂伤害事故需要学校、教师和家长共同努力。通过定期检查和维护场地设施，合理安排教学，加强安全教育，配备专业人员等措施，可以有效降低伤害事故的发生率，保障学生的身心健康和教学活动的顺利进行。同时，学校还应加强对学生的监督和管理，确保学生在进行体育活动时能够遵守安全规定和制度规范。此外，学校还应加强与家长的沟通和联系，及时了解学生的身体状况和需求，为学生的健康成长提供更好的保障[1]。

四、基于"管理"的因素的伤害事故预防

为确保体育课堂活动的安全，预防伤害事故的发生，学校在管理方面需采取以下措施。

---

[1] 许登山.信息网络环境下的高中学校管理创新策略[J].新课程，2020（7）：224-225.

（一）建立健全安全管理制度

学校应制定和完善体育课堂安全管理制度，明确各级管理人员和教师的职责，确保安全工作有章可循。同时，要加强对安全管理制度的宣传和执行力度，确保每位参与体育活动的人员都了解并遵守相关规定。建立器材维护、场地管理、教学组织等方面的管理制度，确保体育课堂的安全有序进行。同时，应建立伤害事故的报告和处理机制，及时处理伤害事故。

（二）加强对体育设施的监管

学校应定期对体育场地、设施、设备进行检查，确保其完好无损。对于存在安全隐患的设施学校要及时维修或更换，消除潜在的安全风险。同时，要加强对学生自带器材的监管，确保其符合安全标准。另外，学校应该加强对体育场地、设施、设备的维护和保养，确保其长期保持良好的状态。对于一些高风险的运动项目，学校应该提供专业的指导和保护，确保学生的安全。

（三）严格教师资质管理

学校应该重视体育教师的专业素养，加强培训和考核，提高教师的专业水平。同时，应加强对体育教师的资质管理，确保教师具备相应的专业知识和技能，能够正确指导学生进行体育活动。对于不具备资质的教师，应及时调整或更换，确保学生的安全和健康。

（四）强化课堂纪律管理

体育课堂应保持严格的纪律管理，要求学生遵守课堂秩序，认真听讲，按照教师的要求进行体育活动。对于违反纪律的行为，教师要及时制止和纠正，确保课堂活动的顺利进行。体育课堂不仅需要严格的纪律管理，更需要教师的耐心和细心。教师应该时刻关注学生的表现，对学生的问题要及时解答，对学生的困难要给予帮助。同时，教师还应该注重培养学生的团队合作精神和竞争意识，让学生通过体育课堂的学习，锻炼身体，培养出良好的品质和习惯。

（五）完善应急预案

学校应制定完善的体育课堂伤害事故应急预案，明确应急处置流程，确保在事故发生时能够迅速、有效地进行处置。同时，要加强对应急预案的演练和培训，提高师生的应急处置能力。在应急处置方面，学校应该建立一支专业的应急队伍，负责事故发生时的现场处置和救援工作。同时，要加强与当地医疗机构的沟通和协作，确保在事故发生时受伤人员能够及时得到专业的医疗救治。

除以上措施外，还可以鼓励学生参加体育意外保险，建立健全学生个人健康档案，成立专门的安全机构，加强对体育教学的监督、检查和评价等，有效地预防基于"管理"原因造成的体育课堂伤害事故，保障学生的身体健康和生命安全。

总之，预防体育课堂教学伤害事故需要学校、教师、学生和家长的共同努力。加强安全教育、完善安全管理制度、定期检查和维护体育器材、改善教学环境、加强学生管理和建立应急预案等措施，可以有效地预防伤害事故的发生。同时，还需要社会各界的支持和配合。只有这样，才能真正保障学生的身体健康和生命安全，让体育课堂教学更加安全、健康、有序。

本章小结

体育课堂伤害事故的预防在体育课堂基本规范中具有至关重要的地位，是教师在教授学生运动技能过程中保障学生安全和健康的重要措施。从受益对象的角度来看，减少体育课堂伤害事故的直接受益人是学生，而次要受益人也包括家长、学校和社会等。因此，为了预防体育课堂伤害事故，需要从多个方面入手，需要学生、家长、学校和社会等的共同努力来实现。本章内容依据"4M"理论，从人、物、环境、管理四个方面对学校体育伤害事故的成因进行分析，同时提出相应的预防对策，切实降低学校体育课堂伤害事故的发生率。提高体育教学的质量，体育课才能真正发挥

"育体育人"的作用，使学生安全、健康、快乐地享受运动。以安全伤害事故预防为基础，建设安全运动场所、制定科学练习制度、加强校园安全管理，从多种角度来保证学生的安全，使得学生在理想的环境下得到综合发展。

思考题

1. 如何基于"物"的因素进行体育课堂教学伤害事故的预防？

2. 基于"4M理论"四个方向的体育安全伤害事故的预防，请结合教学实践思考是否有第五个方向。

3. 通过本章的学习，体育教师在预防安全事故时，课前、课中和课后应分别需要注意什么？

4. 若在体育课堂教学过程中突发学生意外伤害事故，你会如何处理？

第七章
体育运动技术口诀运用的基本规范

体育运动技术口诀是指用简练明确的口诀对体育运动技术进行概括，可以简明深刻地突出技术动作的要领、重点和难点，使得技术动作更易记，更有利于学生技术和战术的学习、掌握、巩固与提高，符合体育课堂教学中集中概括与精讲多练的教学原则。通过本章学习，了解体育运动技术口诀创编原则，掌握体育运动技术口诀在体育教学中的应用以及在体育课堂中所能发挥的作用，熟知体育运动技术口诀在体育课堂运用中的注意事项。通过口诀的运用，提高学生对体育运动技术的学习兴趣，从而提高体育课堂教学质量。

第一节　体育运动技术口诀概述

一、体育运动技术口诀的概念

体育运动技术口诀是一种文字简练、叙述透彻、语意深长、生动形象地表达人们想要表达问题的简练易记的文字方法。它是中华民族用智慧创造的一种科学、实用的对体育运动技术的叙述形式。

体育运动技术口诀也被称为"顺口溜"，是我国特有一种语言现象。顺口溜源自生活实践，按照《现代汉语词典》的解释，是指"民间流行的一种汉语口头韵文，句子长短不一，纯用口语，念起来很顺口"。[1]在体育教学中顺口溜的运用也比较广泛，因为顺口溜能将复杂的技术动作简单明晰的呈现，用简练明确的语言文字对体育运动技术进行概括，扼要深刻地刻画出技术动作的要

---

[1] 范炳荣.顺口溜在小学数学教学中的运用[J].教师，2015（22）：90.

领、重点和难点，使得技术动作易懂易记、有利于学生对运动技术和战术的学习、掌握、巩固与提高。例如，在学习和讲解起跑技术中，常用口诀"撑地肩宽后膝跪，有力一腿放在前，两臂伸直拇指对，身体重心前膝盖，动作自然颈放松，上体稳定姿势正，双目前看三米处，集中精力听口令"。读起来朗朗上口，又能体现技术要点。同时技术口诀以其简洁、明了的语言特征，为体育课堂注入了新的生命力。它以轻松的方式概括了运动技术的核心要点，从而帮助学生更加轻松地掌握各项运动技能，提高学习效率。同时，技术口诀的韵律和节奏激发了学生的学习兴趣和热情，让他们更加主动地参与到体育学习中。此外，它还为学生提供了一种自主学习和复习运动技能的方法，让他们在课余时间也能够进行有效的学习和复习。

体育教学中的基本环节是"讲与练"，一堂课中教师的讲解是对学生最有利的一种教育手段，是不可忽视的。生动准确的语言刺激能引发学生相应的思维活动，调动学生学习的积极性和自觉性。因此教师的语言要准确、生动、扼要且通俗易懂，这样才能使学生听得懂、记得牢、掌握其要点，而"口诀"正具备这些特点[1]。因为学生年龄特征、身心状况、情感意识存在差异性，注意力容易分散，抽象思维相对薄弱，易对冗长烦琐的技术动作学习容易失去信心，这样不但学习效果不好，教学质量也大打折扣。根据学生这些实际情况，合理运用生动形象、简洁明快的口诀，可以起到集中学生注意力，提高学习兴趣的作用；同时有助于学生形成正确的动作表象，节约教师讲解时间，增加了练习时间，真正做到精讲多练，使课堂的组织更加严密[2]，课堂重点更为突出。

二、体育运动技术口诀的特征

（一）生动形象

形象的语言可以唤起学生的注意和兴趣，启发学生的思维，帮助学生深

---

[1] 李秀梅. 试论口诀在体育教学中的运用[J]. 内蒙古煤炭经济，2008（2）：26-27.
[2] 王书利. 运用口诀教学法开展小学科学课教学初探[J]. 华章，2013（31）：343.

刻理解动作要领、概念并加深记忆。例如讲授"掷标枪"技术时可以采用如下口诀，"后引标枪腰放松，蹬脚送髋拉满弓；收腹挥臂急鞭打，枪身脱弦刺青空"。"拉满弓"形容投掷前"引枪待发"的雄姿，犹如搭箭在弦，容易引起学生的注意和激发学习的兴趣，使之跃跃欲试。"急鞭打"意会收腹鞭打是要使投掷动作快而有爆发力。"刺青空"形容标枪出手迅猛有劲，气势凌厉，刺向青空。这些词句都符合青少年进取、好学和富有想象的心理特点，能够引起学生锻炼的兴趣[1]。

（二）简明扼要

体育运动技术口诀应少而精，口诀的语句简短、明了，容易记忆和理解。通过使用简洁的语言，口诀能够准确地概括技术动作的核心要点，使学生能够快速掌握和运用。不能多而杂，否则就会走向它的反面，所以往往深入浅出、言简意赅，用精当的语句把动作要领和方法要求等简明扼要地讲授出来。如排球正面垫球的预备姿势，可概括为"插、夹、提、压"，十分简洁地把整个动作的要领表述出来，能节约讲解的时间，提高教学效果[2]，学生也能快速领悟动作要领。

（三）重点突出

口诀教学具有鲜明的针对性，它主要针对教材内容或动作技术的要点、重点或新知识点进行教学[3]，针对特定的技术动作或训练项目进行描述和概括。通过使用口诀，教师可以更加准确地指导学生的技术动作，帮助学生更好地掌握技巧，提高技术水平。如排球正面双手垫球技术，动作用口诀"一插二夹三提四压"进行教学，学生马上就能有针对性地把握其技术要领。再如篮球的行进间低手上篮，用口诀"一大二小三起跳"进行教学，学生很容易记住口诀，

---

［1］高志强.浅谈"口诀"在体育教学中的运用［J］.时代教育（教育教学版），2009（7）：134.
［2］王卓君.创编体育口诀简化课堂教学［J］.当代体育科技，2020，10（2）：57；59.
［3］鄢小平.在体育课中如何运用口诀教学法［J］.黑龙江科技信息，2012（3）：198.

能很快地掌握该技术动作的脚步动作，便于学生重点理解和记忆[1]。

（四）新颖别致

体育教学口诀是根据动作技术的结构和特点，运用丰富、有特色的语言或词句编写的。所以，教学口诀能给学生耳目一新、新颖别致的感觉。如在体操教学中，教师在强调保护和帮助重要性时，学生可能认为老生常谈。如用口诀"保护帮助要认真，巧用四两拨千斤"，并进一步告诉学生，当学习某一动作的新授阶段，学生不能独立完成或可能有危险时及时地给予"一推、一顶、一拉、一扶、一垫"等，就能帮助其顺利完成动作，避免危险。这样，学生就会感到耳目一新，从而加深对动作的记忆和印象[2]。

三、体育课堂教学中运用技术口诀的作用

（一）促进学生自主学习

1. 促进学生高效掌握运动技能

技术口诀能够提供技术动作的关键要点，增强学生的技术动作记忆，从而更好地理解并掌握技术动作。例如，体操技巧鱼跃前滚翻教学中，"摆臂蹬地前跃起，腾空身体向前移，空中形成抛物线，身体下落手撑地，低头含胸两臂屈，团身抱腿前滚起"。可以用技术口诀指导学生练习，解决初学者记忆负担，取其关键、重点及精华部分，有助于学生改进与提高动作，更快地掌握运动技术、技能。

2. 增强学生自信心

技术口诀具有趣味性和吸引力，可以激发学生对体育运动的兴趣和热情。通过口诀的学习和应用，可以提高学生在体育课堂中的参与度和互动性，提高

---

[1] 盛昌繁.论体育教学中的口诀教学法[J].体育教学，2002（4）：41-42.
[2] 盛昌繁.新课程中体育教学口诀的创编[J].科技信息（学术版），2008（27）：601-602.

学习效果和教学质量。随着技能水平的提高,学生在体育课堂和比赛中可以更加自信地发挥自己的实力和能力,使他们更加热爱体育运动,积极参与各种比赛和活动。同时,这种积极的学习氛围也可以促进学生的身心健康发展,培养他们的团队精神和合作意识。

3. 培养学生自主学习的习惯

新课标提出"培养学生终身体育意识",提升学生学习的"自主、合作、探究"意识。口诀教学给学生自主学习提供支架或搭建平台,把学习的主动权交给学生,即确立学生体育锻炼的主体性。课堂上教师运用口诀教学,既是对学生练习阶段的自主性要求,又是给学生动作关键处的要领总结,学生在练习阶段就能有针对性地进行自主练习。

(二)提高体育课堂教学质量

1. 减少教师课堂组织的压力

通过运用简短、生动且有针对性的口诀,教师可以更高效地备课和讲解,从而节约时间。这种教学方式可以减轻教师在课堂上的组织压力,使他们能够更专注于指导和组织活动,提高教学效率。

首先,简短、生动的口诀可以帮助教师快速地回顾和总结知识点,使学生更容易理解和记忆。这种教学方式可以避免教师在课堂上花费大量时间解释和阐述知识点,相对节省了时间。其次,有针对性的口诀可以帮助教师更好地组织教学内容,突出重点和难点。这种教学方式可以使教师在备课时更加有针对性地选择教学内容,从而更好地满足学生的需求。最后,运用口诀还可以减轻教师在课堂上的组织压力。教师不再需要花费大量时间来维持课堂秩序和组织学生活动,而是可以更专注于指导和组织活动。这种教学方式可以使教师更加灵活地应对课堂上的各种情况,提高教学效率。

2. 提高课堂教学质量

体育运动技术口诀通常具有生动形象和针对性强的特点,是一种非常有效的教学工具。通过使用这些口诀,学生可以更快地建立正确的动作概念,提高他们的运动技能和表现。口诀的语言表达简练而富有韵律，易于理解和记忆，因此能够吸引学生的注意力并激发他们的学习兴趣和积极性。使用口诀可以让学生更加深入地理解动作要领，从而更好地掌握运动技能，最终提高教学效果。

3. 营造良好的课堂氛围

体育运动技术口诀可以将复杂、烦琐的内容简化为易于理解和记忆的内容。在实际教学中，口诀可以帮助学生更好地理解和掌握动作要领，同时营造积极、活跃的课堂氛围。例如，长跑口诀："耐久跑，距离长，强心肺，增力量。练长跑，健美好，减肥运动少不了。"因口诀句子是三个字，与口令"一二一"相似，跑步时加上逗号停顿，就合成四字节奏，如军歌般节奏鲜明，铿锵有力，学生在齐跑中边跑边高声念，既可掌握长跑技巧和节奏，也能提升士气，营造积极向上的体育课堂氛围。

（三）提高教师专业技能

1. 提高教师专业水平

运用体育技术口诀可以帮助教师强化基本功。通过熟练掌握各种基本的体育技能并正确做出各种动作，教师可以更轻松地掌握这些基本技能，提高自己的专业水平。这些口诀不仅简明扼要，易于记忆，而且能够帮助教师在实践中快速准确地掌握各种动作要领。创编口诀需要教师深入钻研教材，准确把握动作的关键和运动规律，按照动作的基本要领和顺序进行表述[1]。这个过程可以帮助教师提高专业水平和设计能力。在创编口诀的过程中，教师需要不断思考、总结和提炼，这不仅有助于提高教师的思维能力和表达能力，还可以帮助教师更好地理解体育教学的本质和规律。

2. 帮助教师积累课堂实践经验

在组织体育课堂教学时，教师需要注意口诀运用的准确性。精准的语言表达可以帮助教师更好地引导学生、总结教学内容和下达指令。口诀运用的准确

---

[1] 柳惠斌. 口诀在体育教学中的运用及注意事项[J]. 中国学校体育，2018（5）：1.

性对体育课堂教学至关重要,因为口诀语言是教师传达指令和解释动作要领的重要方式。如果口诀表述不准确,学生就难以理解教师的意图,导致教学效果不佳。除了口诀语言的准确性,教师还需要注重实践经验的积累。通过不断积累实践经验,教师可以更好地应对各种教学情况,提高教学效果和自身专业水平。在实践中,教师需要不断观察学生的表现和反应,及时调整教学方法和策略,确保每个学生都能够得到有效的指导[1]。

第二节 体育运动技术口诀使用的基本规范

一、体育运动技术口诀创编的原则

体育运动技术口诀是教师在长期实践过程中总结出来的一种有效的学习方法,教师在编写过程中,要对口诀进行反复推敲和修改,确保其准确性和实用性。同时,在教学过程中不断收集和整理学生的反馈,对口诀进行不断完善和优化。在创编体育运动技术口诀时,应遵循以下原则。

(一)简练性

相比传统的教学方法,体育口诀整体上显得十分简明,有的口诀只是通过几个字就可以将传统教学方法中几百字的内容传递给学生。简洁恰当的语句可以将动作的要领和方法教给学生[2],因此要求创编技术口诀时不仅要深入浅出,而且要用简洁、精当的语言把动作要领和方法要求等简明扼要地表达出来[3],使学生对技术的顺序和结构一目了然。如做挺身式跳远时,口诀为:"腾空步后摆腿放,双臂振摆后上方,空中身体成反弓,收腹举腿向前上,落地小腿稍前伸,双臂后摆重心前",可以直接把动作的重点、难点反映出来。

---

[1]岳方师.分层教学法视角下的初中英语教学策略分析[J].校园英语,2023(9):27.
[2]王卓君.创编体育口诀简化课堂教学[J].当代体育科技,2020,10(2):57;59.
[3]鄢小平.在体育课中如何运用口诀教学法[J].黑龙江科技信息,2012(3):198.

（二）直观性

运动技术口诀是概括动作要领的关键，不能包括整个动作过程，因此在创编时应尽量使口诀能够勾勒出动作轮廓，建立起动作的直观表象。如蹲踞式起跑"预备"和"鸣枪"的口诀："预备如同满弓箭，鸣枪猛似箭离弦。"用搭在拉满弓弦上的箭来比喻起跑的预备姿势，用离弦之箭比喻鸣枪后向前飞速出发的气势[1]。口诀如果没有描绘出动作的大致表象，学生在感悟的时候就会找不到方向，再如"后膝离地抬起臀，臀比肩高半蹲撑，双臂前脚称体重，重心前移肩超线。起动双脚快蹬起，双手推地猛用力，快速摆臂摆后腿，前腿蹬直体前倾，起跑一步不宜大，一般应为四脚长，二步约为四脚半，逐渐接近途中跑"。这就明显地勾画了起跑时动作的结构，学生也能根据技术口诀做出相应的动作。

（三）新颖性

教师在创编技术口诀时既要准确，又要根据技术动作的结构和特点，运用丰富有特色的语言和词汇编写，以鲜明地揭示或区别不同项目和动作之间的细微差别。教师在遣词造句时应仔细推敲加工，用丰富有特色的语言或词句，给人耳目一新之感，如"下法如鸟落"就比"要稳要轻"新颖而又鲜明。例如在编排侧手翻动作口诀时，根据动作特点用"空中一个垂直面，地上六点成一线"形象地描述出身体的运动轨迹。根据仰卧起坐动作要领可用口诀"倒体仰卧腿弯屈，两手交叉置脑后，腰腹用力带上体，双肘触膝回原地"表述其动作。队列队形训练单调枯燥，尤其动作要领冗长，教师讲解起来费事，学生又不爱听。如果把它的动作要领编排成口诀，效果就不一样了。如齐步走的口诀："听到口令左脚迈，重心前移两臂摆，挺胸抬头直线走，脚臂协调体不弯。"正步走的口诀"绷脚踢腿臂前伸，脚掌着地体前移，脚臂到位体正直，节奏明快显威力"等。这样，教师通过内容丰富、形式多样、新颖别致的口诀讲解其要领，给原本枯燥单调的队列队形训练带来趣味，能够活跃课堂气氛，

---

[1] 高志强.浅谈"口诀"在体育教学中的运用[J].时代教育（教育教学版），2009（7）：134.

增强训练的效果。当然,教师也可以调动学生参与动作口诀的编写。

(四)针对性

针对性原则是指创编体育运动技术口诀时,要针对体育教学的内容、教材的重点、难点、易犯错误、新知识点以及教学对象的身心特点等进行创编[1]。在创编体育运动技术口诀时,要针对技术动作的要点进行描述和概括,要抓住技术动作的核心和关键要素,用简洁明了的语言表达出来,使学生能够迅速掌握和记忆。如在创编篮球投篮口诀时,可以将"手控制球、手臂伸直、手腕外翻、手指拨球"等动作要点结合起来,帮助学生掌握投篮的基本技巧。同时要针对技术难点进行重点描述和解释,以便于学生理解和克服。具体步骤为根据实际教学情况,教师需要根据实际教学情况和学生反馈,对技术口诀进行不断优化和完善,提高其针对性和实用性,让学生能在接下来的学习活动中带有目的去学习,对较简单的动作可一次性编出动作要领,如引体向上的动作要领就可编排为"手握杠宽与肩齐,悬垂莫摆向上提,引体用力屏呼吸,领过杠面落下去"。对难度较大的技术性较复杂的动作,在创编运动技术口诀时应按动作过程分步编排。这样把长口诀简化成短口诀,既便于教师教学,又便于学生理解。如三级跳远动作要领就可分助跑起跳、第一跳、第二跳和第三跳四个部分来编写。助跑起跳:"固定姿势加速跑,步幅稳定重心高。跳板有力不越线,臂腿配合离板快。"第一跳:"跨步腾空体正直,平衡换步不宜早。脚掌着地体稍倾,双臂摆动腿后留。"第二跳:"屈膝前提摆动腿,两臂前摆与肩平。挥臂摆腿腾空长,落地摆臂至身后。"第三跳:"起跳角度应加大,收腹举腿后摆臂。脚跟着地腿屈起,落地动作同跳远。"只有这样,创编出的口诀才能有针对性,才能充分发挥口诀教学的优越性。

(五)连贯性

体育技术动作具有连贯性。在创编运动技术口诀时应根据动作全过程合理编排,遵循连贯性原则,突出动作过程连贯的特点。教师通过口诀讲解动作要

---

[1]王国林.创编体育口诀应把握的五个原则[J].体育师友,2004(5):11-12.

领，能给学生建立一个完整的动作概念。如前滚翻动作要领口诀："一蹬二撑三低头，含胸收腹身似球。"分腿腾越动作要领口诀："一跑二跳三推分，四挺五落六站稳。"立定跳远动作要领口诀："一摆二蹲三跳起，快速蹬地展身体，收腹提膝伸小腿，后脚跟着地体向前。"挺身式跳远空中动作要领口诀："摆腿下放靠后腿，臀部前移腿展开，挥臂挺身力向前，收腹举腿臂后摆。"等都具有层层递进、连贯有序的特点[1]。

（六）准确性

体育运动技术口诀创编要简明扼要，体现正确的技术概念，突出某一动作或某一环节的关键点。可根据动作特点用单字、词组等简明扼要的语言编写口诀。如在跳远教学中，针对个别学生步点不准的问题，可用"快、稳、准"提示学生发挥最快速度保持身体重心平稳、步幅稳定、步点准确、节奏感。根据铅球教学中最后用力动作的技术要点，可用"蹬、转、挺、推、送、拨"等关键性的字强化动作要领。鱼跃前滚翻教学中，可用"摆、跃、含胸、撑、屈体、团身"等关键性的字和词组纠正学生练习中的错误动作。如在篮球教学时，突出个人技术可用"快、狠、准、灵、凶"，区域联防可用"分区合作、轮转补位、封锁内线、伺机抢球"等口诀指导学生练习。只有符合教学的目的和任务，适应学生实际情况和掌握恰到好处的时机，才能对学生起到启迪、点窍的作用。否则将会沦于平淡，其效果会适得其反。体育技术口诀是形式，形式要为内容服务，不能只追求形式，否则华而不实[2]。

二、体育运动技术口诀的创编分类

体育运动技术口诀的创编过程也是体育教师钻研体育课程的过程。创编体育运动技术口诀应根据"体育与健康课程标准"的理念、教学目标、教材的性质及难易程度、教学的不同阶段、学生的体育基础及不同年龄阶段学生特点等实际情况有针对性地进行创编，所创编的口诀应充分发挥它在体育新课程

---

[1] 王国林.创编体育口诀应把握的五个原则[J].体育师友，2004（5）：11-12.
[2] 高志强.浅谈"口诀"在体育教学中的运用[J].时代教育（教育教学版），2009（7）：134.

教学中的使用价值，这就要求体育教师在深入钻研项目技术特征的基础上科学创编。

（一）按动作技术的基本结构创编

这种方法适用于动作技术难度较大且又能分解的动作。在教学过程中可先按动作技术结构分解成几个部分或环节，然后将各环节的动作要领编成口诀[1]。例如，挺身式跳远中，按动作的技术结构可分为"助跑、踏跳、腾空、落地"四个环节。助跑，"开始姿势应固定，起跑就应加速度，距离步数因人异，步幅大小要定型，轻松自然直又稳，前段末了达高峰，助跑后段频率快，积极踏板不减速"[2]。踏跳，"不垫不跨加速跑，积极踏板此步小，全掌着地腿蹬直，手臂上提腾空高"。腾空，"腾空下放摆动腿，两臂上绕前送髋，上体后仰成挺身，收腹举腿稳落地"。落地，"脚跟一落地，脚掌压下去，蹲腿向前俯，体前倒下地"。

（二）按完成动作的顺序和过程创编

创编的关键是从动作开始到结束，按动作要领依次编成口诀。这种方法适用于动作虽然复杂但不易分解的动作。例如，前滚翻动作技术，可按完成动作的顺序和过程编成教学口诀，"两手撑垫与肩宽，低头弓身准备翻，双脚蹬地腿伸直，头颈背臀依着垫[3]，向前滚动体要圆，团身抱膝蹲立垫"。学生通过精读技术口诀，能够在大脑中形成前滚翻技术的动作印象，为接下来的教学做铺垫。

（三）按动作技术部分创编

1. 按动作技术细节部分创编

技术细节是指在不影响技术环节的情况下，所表现出来的细微的技术结

---

[1] 盛昌繁.体育教学口诀在新课程教学中的创编[J].体育师友，2009（1）：10-11.

[2] 杜春斌.田径教学之口诀[J].体育教学，2008（6）：54-55.

[3] 盛昌繁.新课程中体育教学口诀的创编[J].科技信息（学术版），2008（27）：601-602.

构。这些细微的技术做得越合理，动作的质量和效果就越好，学生也就越快掌握这项技术，可有效地提高运动成绩。因此，根据动作技术细节创编口诀对教学更有实际意义。例如，推铅球的"最后用力"这一关键环节是由许多技术动作所构成的，可将其技术细节编成单字（或双字）口诀："蹬（蹬地）、转（转体）、撑（支撑）、挺（挺胸）、送（送髋）、伸（伸臂）、推（推球）、甩（甩腕）、拨（拨指）。"[1] 短短几个字就已经把铅球最后用力技术的动作要领描绘清楚，学生能够从中抓住技术的重点。

2. 按动作技术的要点创编

这种方法要求先将动作技术的要领归纳出要点，然后按要点创编成口诀。例如，排球的正面上手传球的预备姿势，可概括为三屈、二仰、一稳定。篮球原地肩上投篮动作要领归纳出要点："一蹬、二展、三抬、四压、五拨。"蛙泳动作是由上肢和下肢的协调配合来完成的，上肢动作可先按要领归纳出要点，"伸、划、收。"下肢动作可先按要领归纳出要点，"收、翻、蹬。"

3. 按动作技术的规格创编

创编时，可用比喻、夸张等方法以精炼的语言把动作技术的规格和要求编成口诀。例如，侧手翻教学时，按动作规格和要求可用口诀"空中一个面，落地四点一线"；前滚翻动作教学中，学生容易出现"团身不紧"的错误动作，教师可用口诀"含胸收腹要低头，手撑滚动身似球"指导。通过适当夸张和比喻编成口诀，不仅可以让学生加深动作的记忆，而且便于引起学生丰富的想象[2]。学生通过口诀联想到自己要做的技术动作，从而协调自身的力量完成动作。

（四）按教学对象的年龄特征创编

创编教学技术口诀要根据教学对象的年龄特征、文化水平、体育基础、接受能力及结合学生的生活经验等创编[3]。如小学生学习前滚翻用"如圆球团

---

[1] 王蔚.创编中小学体育教学口诀的实践研究[J].中国学校体育，2014（6）：29-31.

[2] 盛昌繁.论体育教学中的口诀教学法[J].体育教学，2002（4）：41-42.

[3] 盛昌繁.体育教学口诀在新课程教学中的创编[J].体育师友，2009（1）：10-11.

紧，朝直线快滚"。对中学生用"重心前移两腿蹬，直线快滚不放松"。不同年龄阶段的学生对运动技术的术语有着不同的理解，教师应对不同年龄阶段的学生，因材施教，更易于学生接受新授的技术要点，理解其内容精髓。

在体育课堂教学实践中，教师应该充分利用体育运动技术口诀的优点，如语言简洁、形象生动、重点突出、朗朗上口、易懂易记等。因此，在搜集、整理的基础上创编体育口诀是非常必要且有益的。同时，合理地运用口诀进行教与学，可以起到事半功倍的教学效果。但是，并不意味着在实施新课程的任何教学过程或环节都必须使用口诀，而是要根据实际的教学过程来确定是否需要使用口诀。

三、体育运动技术口诀的具体运用

体育运动技术口诀在课堂中的应用过程中，需要遵循基本步骤，即先亮出口诀，然后记忆口诀，最后应用口诀。同时，为了实现体育技术口诀在体育课堂中的更好应用，还需要注意口诀的应用时机。通过这些步骤和注意事项，可以有效地提高体育技术口诀在课堂中的应用效果，促进学生体育技能的学习。

（一）体育运动技术口诀运用的基本步骤

体育运动技术口诀的内容具有固定性，教师在应用教学口诀的过程中，主要任务是帮助学生理解和记忆这些口诀。具体步骤包括：首先，教师需要清晰地展示口诀内容；其次，对口诀进行详细解析，使学生理解其含义；再次，学生通过反复练习，强化记忆；最后，将口诀应用于实际运动中，加深理解和记忆，可总结为"亮口诀、析口诀、记口诀、用口诀"。

1. 亮口诀

口诀内容固定化，教师在运用教学口诀环节的任务是让学生理解与记忆体育口诀。学生在学习一门新技能时，教师首先要把新技能的技术要领教给学生，这时就可以顺势引出技术口诀。如在学习蛙泳时，腿部动作的技术要领："屈膝收腿靠臀边，两膝距离同肩宽。边收边分慢收腿，两脚翻转向两边。向后用力蹬夹水，两腿并拢漂一会。"亮出口诀，就能给学生一个完整的动作概念。

2. 析口诀

"析口诀"时，教师可放慢动作速度逐步分解示范，此时的口诀需要简明扼要，通俗易懂。如体操技巧鱼跃前滚翻成蹲撑，"摆臂蹬地前跃起，腾空身体向前移，空中形成抛物线，身体下落手撑地，低头含胸两臂屈，团身抱腿前滚起"。教师根据技术口诀，在向学生示范动作时，对技术口诀逐一分析[1]。

3. 记口诀

在教师的指导下，口诀教学法是根据教授动作技能的直观性，抓住动作的实质，利用学生熟悉的语言、喜爱的方式，将难以理解和记忆的动作要领归纳成简明扼要、具体形象、易懂、易记的口诀式要领，有利于学生牢记技术动作要领的一种方法。学生在领悟口诀之后，教师组织记诵口诀，完成"记口诀"任务[2]。

4. 用口诀

体育教学与其他学科的教学有所不同，它更注重肢体操练，而不仅仅是语言教学。在体育教学中，讲解、示范和练习是三个核心要素。教师需要根据动作技术的特点进行讲解和示范，并通过口诀将复杂的技术技巧简化，使得技术操练更加简单易行。以排球正面下手双手垫球教学为例，教师演示一段完整的垫球动作，然后引导学生观察并思考垫球的手型、垫球手臂是直臂还是弯曲的、垫球的部位等。通过提问的方式，让学生边观察边思考，从而形成对口诀的初步认识。将体育口诀引入体育课堂，不仅可以增加趣味性，还能达到练习的目的。

（二）体育运动技术口诀运用的时机

1. 技术动作示范前

因学生对某一动作技术尚未接触或了解少，此时使用的口诀，其内容应具

---

[1] 柳惠斌. 口诀在体育教学中的运用及注意事项 [J]. 中国学校体育，2018（5）：27-28.
[2] 姚立明. 妙用"口诀"，巧教"后滚翻" [J]. 中国学校体育，2007（6）：79.

有覆盖性，是动作要领的全面描述，同时需突出学生技术动作学习过程中可能出现的困难[1]。如排球正面双手传球口诀："对正来球稍蹲式，勺型手势额上迎。蹬地伸膝并伸展，指腕弹球力适当。"口诀完整描述正面双手传球的技术动作，教学重点是"指腕弹球力适当"。这个口诀就适宜于动作示范之前使用。

2. 技术动作学习中

口诀在示范讲解后的学习中具有积极作用。通过观察教师的示范，学生能够直观感知动作，从而初步建立动作表象，进行尝试。然而，仅仅通过示范和讲解，学生只能初步了解动作的基本过程和表象，无法完全掌握动作要领。此时，教师如果能及时运用简洁明了的口诀概括技术动作的要点，将有助于学生更好地理解和记忆动作的内部联系。口诀作为一种通俗易懂的表达方式，能够提高学生观察技术动作的目的性和针对性，使他们在记忆和理解的基础上，更容易掌握动作的要领。

对初学者来说，口诀尤为重要。如果一开始就灌输大量的信息，他们可能会难以接受，降低学习兴趣。而口诀通常是简短、形象、易记的诗歌或顺口溜，能够迅速被学生理解和记忆，帮助他们抓住完成动作的关键。口诀应该出现在技术动作学习的关键环节或难点处，突出技术动作要点，起到提示作用，以实现难点突破[1]。如侧向滑步推铅球口诀："五指握球空手心，锁骨窝处要放稳。"特别指向持球时的动作要领，教师在示范节点时可以运用此口诀。

3. 技术动作易错与纠正阶段

在技术动作执行过程中，错误动作的出现是不可避免的。为了纠正这些错误，教师需要有针对性地提出明确的要求，并运用口诀帮助学生集中注意力并纠正特定动作。口诀的选择应根据错误动作的原因来确定，以便有效地破解难点并纠正错误。例如，针对跨栏运动的易错口诀："起跨无力重心低，摆动腿踢拉不起，跟进前送动作慢，造成栏间节奏差。"学生需要在练习中注意产生错误的原因，如栏前跑的技术差、拉大步子降重心、髋部大腿柔韧差、侧摆提拉不积极、腿部力差蹬无力、栏间技术不熟练等。在复习性练习阶段，教师需

---

[1] 柳惠斌. 口诀在体育教学中的运用及注意事项[J]. 中国学校体育，2018（5）：27-28.

要运用口诀纠错，如"步长准确反复练，提高起跨准确度，提高力量练柔韧，跑动过栏高重心，过栏前掌用力扒，摆腿膝指正前方，落地向前移重心，栏间节奏要清楚"，以帮助学生明确错误并自行纠正。

四、体育运动技术口诀运用时的注意事项

要上好一堂体育课，教师不仅要做出正确的示范，还要清晰的讲解。然而，仅仅做到这两点是远远不够的。除了教师对本门学科知识和技术水平的掌握情况之外，教学效果还取决于教师的教学引导能力。为了更好的引导，教师需要将知识与技术讲解得生动形象。口诀教学法与其他各种教学手段密切相关，相互依赖、相互补充。在体育教学中运用口诀教学法时，应注意以下几个问题。

（一）技术口诀应充分做好准备工作

在体育课程中实施技术口诀前，教师需要充分准备。首先，提前告知学生技术口诀的内容和意义，以便他们做好心理准备和学习准备。其次，要合理安排时间和地点进行口诀的讲解和示范，确保每个学生都能够听到、理解和掌握口诀。再次，准备必要的教具和器材，如音响设备、示范模型等。在实施过程中，教师需要密切关注学生的反应和表现，及时调整教学策略和方法。最后，在课后进行总结和反思，不断完善和优化技术口诀的教学效果。

（二）技术口诀应符合学生水平

在选用口诀时，需要充分考虑学生的文化程度、生活体验以及当地民情风俗。这样可以使学生感到亲切，更易于理解和接受。在山区和草原地带的学校，可以使用"兔跃""蛇行""乌奔驰""箭离弦"等口诀来比喻；而在沿海城市的学校，则可以使用"海豚""鱼跃""猫扑食"等口诀来形容。这些口诀都有利于将儿童日常生活知识转化为体育动作，实现触类旁通的效果。

对于小学和初中学生，应选用根据动作要领或关键点编制的口诀和用比喻、正误对比编写的口诀，而对于高中和大学的学生，由于他们的文化程度较高，生活体验也较丰富，因此可以更多地采用运动生物力学、运动解剖学、运

动生理学等知识编写教学口诀。这样可以帮助学生理解力学和生理学知识，如作用力与反作用力、重心与平衡、满弓与鞭打、加速与惯性等，以及呼吸、心率、代谢、负荷、极点超量恢复等生理知识[1]。

虽然口诀不能完全代替讲解，但讲解可以补充口诀的不足。在教学中，对于初级水平的学生，口诀要通俗易懂、生动形象。一般而言，口诀应放在示范讲解之后使用。例如，在教授中长跑的呼吸节奏时，低年级学生应被告知呼吸要尽量用鼻，单纯张口呼吸是错误的，必要时可稍张口帮助鼻呼吸，节奏可二步一吸，再二步一呼；而对高年级学生则需要进一步说明正确呼吸的意义，要求是慢跑时是鼻呼吸，快跑时口、鼻结合，鼻吸口呼；呼吸频率与步伐协调一致，节奏是三步或二步一呼，三步或二步一吸[2]。

（三）技术口诀要与动作示范、讲解相结合

运动技术口诀并非是"精讲"的唯一手段，而是通过生动形象的口诀来达到直观的效果，配合正确优美的示范，更能加深学生的印象和记忆。由于学生的模仿能力强，记住口诀并结合直观的影像，能够更快地领会和掌握动作，从而取得更好的效果[3]。在体育教学中，运用口诀时通常是边讲解边示范，这有助于学生更快地掌握动作要领，并加深对口诀的理解。因此，应注重讲解与示范的融合，互相补充。运动技术口诀只是概括了动作的精髓，而不包括整个动作过程。在讲解的基础上再结合印象深刻的口诀，能迅速吸引学生的注意力。例如，技巧鱼跃前滚翻直腿起的口诀："跃起鱼腾空，撑地做缓冲，低头快收腹，两腿直似柱，上体跟得紧，推手用上劲。"

（四）技术口诀要注重创新性和实用性

在体育教学中，运用技术口诀教学的关键是编制具有科学性的"体育运动技术口诀"，而这种口诀主要源于体育教学实践。因此，广大体育教师应在教

---

[1] 庞雪飞.口诀在体育教学中的运用[J].西昌学院学报（自然科学版），2007（2）：111-113.
[2] 高志强.浅谈"口诀"在体育教学中的运用[J].时代教育（教育教学版），2009（7）：134.
[3] 刘春阳.探讨体育课堂中教师有效示范的教学策略[J].运动，2013（2）：132-133.

学实践中，结合具体的运动项目的动作方法和技术特点，对已有的口诀进行反复推敲和思考，并根据学生的学习反馈，进行必要的修改，使其更加符合学生的需求。同时，教师还需注意口诀的节奏和音量控制。口诀的节奏应明快、简洁，易于学生记忆；音量要适中，确保每个学生都能听清且不会感到不适。教师在使用技术口诀时，应密切关注学生的接受能力和反馈情况，根据学生的实际情况及时调整教学策略和方法。此外，应避免使用生僻词汇和过于复杂的表述方式。技术口诀应使用简单、明了的语言表达，避免学生产生困惑和理解困难。最后，教师应注意口诀的更新和优化。随着教学内容和学生实际情况的变化，教师应及时更新和优化技术口诀，确保其针对性和实用性。

（五）技术口诀运用要找准时机

在运用口诀教学法时，不同的使用时机，其效果也会有所不同。在课程的初始阶段，教师使用技术口诀可以为学生提供一个简明的动作概念，帮助他们更好地理解技术动作[1]。在课程中，结合讲解运用口诀，可以进一步强化学生对技术动作的记忆和理解。而在课后，通过总结口诀，可以加深学生对动作的整体理解，帮助他们巩固所学内容。

无论何时使用口诀，都应与课程的教学任务相吻合，并根据技术动作的难易程度确定使用的方式。对于较简单的动作，可以一次性提出口诀；对于较复杂的动作，可以分段提出口诀；对于难度特别大的动作，可以先逐句提出口诀，然后再完整提出[2]。如体操的"跳山羊"技术动作中，应按照口诀逐句讲解并运用，以便学生在学习中逐步掌握。同时，体育运动技术口诀都有其针对性，创编意义指向清楚。因此，在选择使用口诀时，应严谨对待，避免错用。

课堂是动态的，情况千变万化。有些教师可能预先准备了一些口诀，但由于思维惯性，在教学时往往只使用这些口诀。然而，如果学生的发展情况不适合使用预设中的口诀，教师应果断放弃原计划，及时设计并采用新的教学方案。

---

[1] 鄢小平.在体育课中如何运用口诀教学法[J].黑龙江科技信息，2012（3）：198.
[2] 盛昌繁.论体育教学口诀的创编与运用[J].山东教育科研，2002（7）：60-62.

（六）注重技术口诀过程性的把握

有的教师在使用口诀进行教学时，仅仅只是完成了部分步骤。如在教授足球脚内侧踢球时，口诀为"侧后站，腿外展，勾脚尖，足弓踢，贴地滚"，但只给学生口诀，甚至要求学生背诵，却忽略了关键处的解释和动作的指导[1]。这样的教学方式会导致口诀的意义大打折扣，因为学生无法真正理解动作要领，就无法正确完成动作。因此，如果将口诀作为一种教学方式，就应该在课前认真设计，并在课堂上完成落实。该口诀内容概括了动作要领，教学流程就应该在恰当时段里实实在在完成"亮口诀、析口诀、记口诀、用口诀"的流程。同时，需要注意体育教学口诀对动作要领的描述，力求用最少语言准确描述动作要领，从而在课堂运用时，学生易于抓住要点，形成正确的动作概念。

总之，在体育教学中，口诀是一种重要的教学手段，它能够帮助学生理解和掌握运动技术要领。但是，口诀不能完全代替讲解，而讲解可以补充口诀的不足。因此，在运用口诀时，要与讲解相结合，互相补充。同时，技术口诀要注意不断创新，注重实用性。口诀的节奏要明快、简洁，易于学生记忆；音量要适中，确保每个学生都能够听到且不会感到刺耳。在运用口诀时，要找准时机，避免错用。同时，要注意技术口诀过程性的把握，课前认真设计，课堂完成落实。在运用口诀时，还要注意口诀的更新和优化，确保其针对性和实用性。总之，在体育教学中，运用口诀是一种有效的教学手段，但需要注意其与讲解的结合、创新性、实用性和过程性把握等方面的问题，合理运用，提高体育教育效果。

第三节　体育运动技术口诀应用实例

一、田径——短跑技术

短跑技术中，按动作的技术结构可分为"各就位、预备、鸣枪跑、起跑后

---

[1] 柳惠斌. 口诀在体育教学中的运用及注意事项[J]. 中国学校体育，2018（5）：27-28.

的加速跑、途中跑、终点撞线"六个环节。

各就位：撑地肩宽后膝跪，有力一腿放在前，两臂伸直拇指对，身体重心前膝盖，动作自然颈放松，上体稳定姿势正，双目前看三米处，集中精力听口令。

预备：后膝离地抬起臀，臀比肩高半蹲撑，双臂前脚称体重，重心前移肩超线。

鸣枪跑：起动双脚快蹬起，双手推地猛用力，快速摆臂摆后腿，前腿蹬直体前倾，起跑一步不宜大，一般应为四脚长，二步约为四脚半，逐渐接近途中跑。

起跑后的加速跑：双脚蹬地齐用力，以髋为轴前摆腿，上体逐渐抬起来，髋部积极向前移，步长加大不摇摆，膝部对前频率快。

途中跑：步幅要大频率快，重心稳定跑直线，摆臂肩带要放松，双臂弯曲90°，蹬地角度尽量小，髋膝踝在一条直线，蹬完折叠勿后撩，大腿前迈要抬高。

终点撞线：终点冲刺要高速，后蹬角度适当小，上体前倾大步频，保证速度勿高跳，最后一步猛后蹬，挺胸压体双臂后，撞线之后勿急停，慢慢减速缓冲体。创编的口诀将短跑技术各个动作要领一一表达出来，给人一目了然的感觉。

二、排球——传球、垫球、扣球、发球技术

在排球项目中，可分为传球、垫球、扣球、发球四部分。

传球：对正来球稍蹲式，勺型手势额上迎。蹬地伸膝并伸展，指腕弹球力适当。

垫球：屈膝抱拳迎来球，含胸收腹臂旋夹。前伸压腕球下插，蹬腿跟腰肩放松。

扣球：看球助跑莫抢先，双脚跳起胸后展，挥臂扣球体内转，高点击球靠臂腕。

发球：球抛右侧右臂抬，右转胸腹伸展开。全掌推压成上旋，击准部位是关键（以右拨球为例）。

三、体操——支撑后摆挺身下技术

在体操单杠项目中,单杠的内容包括悬垂、支撑、摆动、回环以及混合悬垂等技术动作。以支撑后摆挺身下这一动作为例,它可分为前摆、后摆、腾空三大步骤。前摆时,上体要前倾,两腿要前摆;后摆时,两腿充分用力向后上方摆起,不要抬上体,手臂伸直撑杠;腾空时,制动腿与直臂顶肩推杠及挺身动作要协调配合[1]。其动作要领用口诀可总结为:并腿前摆肩前移,小腹弹杠后摆起,推杠放手体腾空,展体举臂下落地。

本章小结

在体育课堂中,巧妙运用体育技术口诀,有助于学生高效掌握技术动作,激发自主学习意识,提高教师课堂教学效率,促进专业技能提升。本章首先对体育运动技术口诀的概念和特征进行阐述,然后介绍创编体育运动技术口诀应遵循的原则、分类以及在课堂教学中的具体运用,同时提出使用时的注意事项。最后,以田径、排球、体操项目中的个别技术动作为例,列举技术口诀,以期阐述体育技术口诀在体育课堂中不可或缺的作用,充分利用体育技术口诀可以提高教学质量。

思考题

1. 体育运动技术口诀如何按照结构分类?
2. 体育运动技术口诀的特征是什么?
3. 在体育课堂教学中运用技术口诀有什么作用?

---

[1]廖辉帆,孙永生.提高单杠"支撑后摆下"动作质量的教学实践[J].体育教学,2019,39(6):85-86.

后记

《体育课堂教学基本规范》旨在为体育教师和体育教育专业学生提供课堂教学参考。本书内容涵盖了体育课堂教学中多个方面的规范，主要包括体育课堂教学中术语使用、队列队形变换、技术口诀运用、哨子使用技巧、伤害事故预防和保护帮助实施等。我们期待通过这些规范，能够更有效地组织教学，提升教学效果。

《体育课堂教学基本规范》由岳新坡教授任主编，李柳、孙丽芹、李大帅、刘宗豪任副主编。首都体育学院岳新坡教授、河南师范大学李柳副教授和南阳师范学院刘宗豪教授负责本书的构思、设计和通稿，并撰写了2.6万字。首都体育学院博士研究生孙丽芹撰写了5.4万字，郑州师范学院李大帅博士撰写了5.3万字，郑州西亚斯学院林争撰写了2.2万字，韶关学院刘晓焕撰写了2.4万字，河南师范大学于益民撰写了2.3万字，北京市海淀区教科院和平未来实验小学张凯撰写了2.2万字，首都体育学院硕士研究生刘奎良撰写了1.6万字。在此，对所有参与编写人员表示感谢。同时岳新坡教授研究团队中的冯乾伦、张娇、任鑫鹏、赵彦兵、梁燚、李正昊、董雅文、张东雪、李晨、边景炎等，他们作为幕后工作者为本书的编写付出了辛勤劳动，在此一并感谢。最后，对首都体育学院体育教育训练学院的尹军教授、王骏昇副教授和学院的领导在本书编写过程中给予的支持和帮助表示衷心感谢！

本书是2023年北京高等教育本科教学改革创新项目《认证视域下体育教育专业实践教学评价体系构建与提升策略（202310029001）》的阶段性成果，得到了国家社科基金项目《师范专业认证视域下我国体育教育专业课程体系构建与实践研究（20BTY064）》的资助。由于时间仓促，且编者水平有限，若书中有不足之处，欢迎广大教师和读者提出宝贵意见和建议，以便我们在今后的工作中不断改进和完善。本书的编写吸收了体育教学领域、课堂教学基本规范领域的众多研究成果，在此对涉及的作者表示诚挚的敬意和衷心的感谢。对于遗漏的引文，恳请作者谅解，同时希望给予反馈，以便在修订时给予补充。

主编：
2024年8月